时空观念下的
中学历史教学

彭志菲 著

上海文化出版社

图书在版编目（CIP）数据

时空观念下的中学历史教学 / 彭志菲著. — 上海：
上海文化出版社，2023.11
ISBN 978-7-5535-2850-2

Ⅰ.①时… Ⅱ.①彭… Ⅲ.①中学历史课—教学研究
Ⅳ.① G633.512

中国国家版本馆 CIP 数据核字（2023）第 210583 号

出 版 人　姜逸青
责任编辑　吴志刚
　　　　　王茹筠
装帧设计　长　岛

书　　名：时空观念下的中学历史教学
著　　者：彭志菲
出　　版：上海世纪出版集团　上海文化出版社
地　　址：上海市闵行区号景路 159 弄 A 座 3 楼　201101
发　　行：上海文艺出版社发行中心
　　　　　上海市闵行区号景路 159 弄 A 座 2 楼　201101　www.ewen.co
印　　刷：苏州市越洋印刷有限公司
开　　本：880×1230　1/32
印　　张：6.5
版　　次：2023 年 11 月第一版　2023 年 11 月第一次印刷
书　　号：ISBN 978-7-5535-2850-2/G·468
定　　价：48.00 元
告 读 者：如发现本书有质量问题请与印刷厂质量科联系 T：0512-68180638

目录

contents

第三章　时空观念下的命题研究

第四章　时空观念下的历史课堂之美

第一章

中学历史教学中时空观念素养培养的
价值与意义

研究背景及价值

（一）研究背景

时空观念是指在特定的时间联系和空间联系中对事物进行观察、分析的意识和思维方式。任何历史事物都是在特定的、具体的时间和空间条件下发生的，只有在特定的时空框架当中，才可能对史事有准确的理解。《普通高中历史课程标准》（2017 年版，2020 年修订）要求学生能够知道特定的史事是与特定的时间和空间相联系的；知道划分历史时间与空间的多种方式，并能够运用这些方式叙述过去；能够按照时间顺序和空间要素，建构历史事件、历史人物、历史现象之间的相互关联；能够在不同的时空框架下对史事做出合理解释；在认识现实社会时，能够将认识的对象置于具体的时空条件下进行考察。具体来说，《普通高中历史课程标准》（2017 年版，2020 年修订）提出了两个基本观念：一是时序观念；二是空间观念。时空观念这一核心素养，既是认识历史的观念，也是认识历史的方法，较为突出地表现了历史学科的学科特点，是历史学科专业性的集中体现，因而具有关键性的意义。

然而，在高中历史实际教学过程中，时空观念的培养状况并不乐观，表现如下：

第一，历史学科的特征决定了时空观念培养的难度。历史学科的基本特征和内容决定了其教学内容在实际教学过程中，在时空方面天生与学生生活经验和环境存在较远的距离且存在隔阂，加之教学手段相对单一及滞后，学生很难将不同时空的历史教学内容与日常生活经验联系到一起，进而使得学生对于历史学科的学习具有距离感和陌生感，不利于学生对历史的认知与感悟。

第二，学生在初中阶段的历史基础比较薄弱，初高中历史衔接不足。事实上，初中历史在全国各地的初中阶段属于相对边缘的学科，甚至有不少地区的历史学科在中考中不计分。这导致从学校到家长再到学生本人，对初中历史学科重视程度严重不足，遑论"基础牢固"了。目前中学历史学科出现初高中衔接不足，有相当部分学生进入高中学习历史时"时序紊乱，空间杂糅"，部分原因正在于此。

第三，目前全国高中历史教材正处于新旧教材转换阶段，旧教科书的编写结构不利于时空观念的建构。旧教材的专题史体例有别于通史体例，在一定程度上避免了与初中阶段历史学习的简单重复，也有利于学生综合分析问题能力的提高。但这也不可避免地带来了一些问题，最显著的便是对历史时空的弱化，专题史的教科体例使得课程结构跳跃性大，学生难以有效把握历史发展的脉络，给日常教学带来了不少挑战和难度。而新教材虽然是通史编写体例，但暂时并未在全国推广。

第四，在现阶段教学中，无论是教师还是学生，对《历史地图册》都不够重视，对每学期都配发的《历史填充图册》熟视无睹，极少利用。这些人为造成的资源浪费，也使培养学生史学时空观念失去了有利的契机。

基于以上问题，我们认为关于中学历史教学中时空观念素养培养的研究是十分必要的。

（二）应用价值

时空思维能力研究对历史教学与学习有着重要意义。它是历史理解和历史解释的基础和前提，对教师开展教学活动及学生清晰掌握历史知识有着指导作用。一方面，它能够有效改进教师教学设计。毕竟历史教学情境的设置、历史叙事的开展，首要考虑的是事件发生的时间与空间，时空框架的设计能够使教师在教学设计上更为充实和完善，进而增强教学内容与核心素养中时空观念的关联性；另一方面，也能贯彻新课标对学生历史学科核心素养的培养方面要求，帮助学生夯实基础知识，构建历史学科知识体系。另外，从能力培养方面来说，也有利于提高学生的逻辑思维能力，将各学科知识融会贯通，最终实现全面发展的目的。

总之，将历史学科核心素养中时空观念渗透到高中历史课程教学中，能够有效发现课堂教学内容与历史学科核心素养中时空观念的关联性，从而为优化课堂教学内容、提升高中历史学科的教学效果提供必要的依据；同时时空观念的有效培养有助于通过助推深度学习从而助力学生发展，为学生的人生导航。

（三）学术价值

中学历史教学培育时空观念素养的实践研究，对历史学科发展具有意义。

首先，从当今开设历史学专业的高等院校来看，其教材大多是依据时间线索编写。时空观念的培养，能够帮助学生掌握基本的历史知识，使其具有一定的学科基础，为学生进一步接受高等教育打下基础。其次，培育学生的历史学科思维。传统中学历史教育，侧重于知识传授，将被认可的历史解释传授给学生。但是随着时代的发展，信息技术的发达，课堂以外的各种信息扑面而来，学生在复杂的甚至相互冲突的历史知识中做出判断与选择离不开理性的、科学的思维方法。任何历史事物都是在特定的、具体的时间和空间条件下发生的，只有在一定时空框架中，才可能对事物有较为清晰的认识与理解。在特定的时空框架下探究历史进程中的继承与变更、统一与多元、局部与整体，才能对史事做出合理的解释。时空观念的培育能够帮助学生进行理性的历史判断与历史推理，做出理智抉择。最后，增补相关研究。在一定意义上讲，历史就意味着时间。做历史研究很难突破时间框架加给我们的限制，只能在这个时间框架内研究其产生、发展变化和终止的全过程。当今有关时间与历史、空间与历史的研究，学术界取得了丰硕的成果（可参考中国社会科学网"时间与历史、空间与历史"专题研究），但基础教育有关时空观念的培育与研究存在表面化、单一化、局部化的问题，还有待进一步加深。

关于中学历史教学中时空观念素养的调研案例分析

（一）关于中学历史教学中时空观念素养的调查分析报告

教育部审定颁布的《普通高中历史课程标准》（2017年版，2020年修订）将课程目标设置为历史学科核心素养的培养，而时空观念素养是高中历史学科五大核心素养之一，时空观念是指在特定的时间联系和空间联系中对事物进行观察、分析的意识和思维方式。任何历史事物都是在特定的、具体的时间和空间条件下发生的，只有在特定的时空框架当中，才可能对史事有准确的理解。可以说时空观念是理解历史的基础，也是核心素养中历史学科本质的体现。

对于时空观念的概念界定方面，马维林从历史学科的时空观念、马克思唯物史观以及时空观视域下历史发展的特征等视角进行了阐释。而新课标对时空观念进行了明确界定："是在特定的时间联系和空间联系中对事物进行观察、分析的意识和思维方式。"此后，徐蓝和朱汉国等学者对时空观念素养概念进行了解读和说明。而如何培育学生的时空观念素养，研究者提出了一些建议，主要体现在主张引导学生按照时间顺序和空间要素作时间轴，整合高中历史新课程必修教材专题知识，从而建构起历史知识体系，在时空框架下理解历史的变化与延续、统一与多样、局部与整体。

综上所述，近年来国内专家学者在历史时空观念素养方面的研究取得了不少成果，但也存在不足之处，在研究过程中较为重视时间观念的培养，而对空间观念的探讨相对缺乏。鉴于此，笔者通过对中山市实验中学高一年级学生的历史时空观念素养现状进行调查分析，在教学实践中探索切实可行的方法与策略，以期对提升学生的时空观念素养有所帮助。

调查对象：中山市实验中学 2020 届高一学生。中山市实验中学是中山市的一所公立中学，高中一年级学生的高中入学成绩排名在全市中考成绩排名大约是处在 6000—8000 位这一区间，而在全市当年初中应届生大约 17000 位的情况下，大约是处在中上水平。整体而言学生有一定的知识和能力，但同时学生的基础知识和能力还是存在一定的短板。体现在历史学科方面，则体现为时空观念素养相对不高，学生学科知识和能力两极分化。而同时，这也是广东省首次采用新版本的高中历史教材。故本研究以班级为单位发放调查问卷，学生完成后，及时收回调查问卷。共发放问卷1603份，回收问卷1587份，回收率为99%，其中有效问卷1585份，有效率98.8%。

调查内容：调查问卷的内容包括时间观念方面、空间观念方面、学生学习方法方面和教师教学现状方面。

调查结果：

1. 时间观念方面：部分学生对历史的时序性不清晰

问题1：你了解历史纪年法吗？

选项及所占比例（%）

非常了解	了解一些	听过，但不了解	没听过，也不了解
5	40.1	48.9	6

问题2：你能够用不同的纪年方法表述同一历史事件的时间吗？

选项及所占比例（%）

可以	不完全可以	不可以
6.4	59.1	34.5

从问题1可以看出，学生对于纪年法了解不够深入，只有5%左右的学生对历史纪年法非常了解，6%的学生认为自己没听说过历史纪年法；而从问题2则可以看出：在公元纪年、干支纪年和民国纪年三者之间的时间换算方面，34.5%的学生不会相互换算。由此可以看出，有些学生对于历史纪年法的掌握并不牢固。

问题3：请将以下历史事件按时间先后进行排序，正确的是

A.安史之乱　B.独尊儒术　C.衣冠南渡　D.百家争鸣　E.摊丁入亩

选项及所占比例（%）

ABCDE	ECDAB	CABED	DBCAE
2.3	12.7	12.3	72.7

问题4：在历史学习中，你是否出现过记忆混乱，混淆历史事件时间先后的情况？

选项及所占比例（%）

经常出现	偶尔出现	没有出现
40	52.7	7.3

而从问题3统计数据可以看出：学生历史事件发生的具体时间记忆是模糊不清的。排序方面，近30%的学生对历史事件进行排序出现错误。而问题4的统计结果则显示只有约7%的学生没有出现时序混乱的情况，绝大部分学生都出现过混淆历史事件时间先后的情况。

问题5：你可以制作时间表或时间轴进行学习吗？

选项及所占比例（%）

可以	不完全可以	在老师和同学帮助下可以	不可以
22.7	28.6	39.5	9.2

利用时间表和时间轴是历史学习的重要方法，而从问题5的数据来看，只有22.7%的学生可以制作，大部分学生需要教师或同学的帮助才能编制出来。

2. 空间观念方面：部分学生空间观念相对薄弱

问题 6：你能够从历史地图中获取有效的信息吗？

选项及所占比例（%）

能	部分	不能
22.7	70	7.3

问题 7：请问中国古代史中的江左指的是现在哪个地区？

选项及所占比例（%）

江苏、浙江、安徽一带	湖北、湖南、江西一带	贵州、重庆、四川一带
37.7	28.2	34.1

问题 8：你能够写出多少个古今位置发生变化的历史地名？

选项及所占比例（%）

写不出	0—2 个	3—5 个	5 个以上
27.7	54.5	8.2	9.6

问题 9：学习历史时，你会把中外同一时间的历史知识放在一起比较学习吗？

选项及所占比例（%）

经常	偶尔	从不
10.9	68.6	20.5

从问题 6 来看，对于呈现的历史地图，能够准确解读的学生有 22.7%，70% 的学生无法准确解读，7.3% 的学生表示不能有效

获取。由此可见，学生在准确解读历史地图、获取有效信息方面的能力还是相对较弱。而从问题 7 和问题 8 的统计数据来看，在脱离历史地图的情景下，直接以文字形式考察学生的时空观念，学生原有的知识与能力便显得捉襟见肘了。从问题 9 可以看出，在高中历史学习中，是否注重对同一时间不同空间发生历史事件进行对比方面，仅有 10.9% 的学生经常作对比，68.6% 的学生只是偶尔进行对比，20.5% 的学生从来不对比。由此可见，对于发生在同一时间不同空间的历史事件，学生有意识进行对比的情况较少。

3. 学生学习方法方面：部分学生缺乏科学有效的学习方法

问题 10：你用什么方法弄清历史事件发生的时间顺序并理清这些事件的联系？

选项及所占比例（%）

自己归纳总结	在老师指导下整理	记忆背诵
24.1	40.5	35.4

问题 11：你会主动将历史与地理、语文等所学的相关学科知识相结合进行学习吗？

选项及所占比例（%）

经常	偶尔	从不
10	70.5	19.5

问题 12：你会主动结合教材中的地图进行学习吗？

选项及所占比例（%）

经常	偶尔	从不
12	65	23

问题10的调查数据显示：24.1%的学生认为自己可以归纳总结，40.5%的学生能够在教师指导下理清历史事件的先后顺序及它们之间的因果联系，35.4%的学生仍靠死记硬背掌握历史基础知识。由此不难看出，学生在学习方法方面存在不足，尚需改善。从问题11和问题12可以看出：仍然有近20%的学生表示在高中历史学习中，不会主动将历史与语文、地理等相关学科相结合进行学习；23%的学生没有结合教材中历史地图进行学习的习惯，大部分学生也是偶尔结合其他学科和地图进行学习。由此可见，在高中历史学习中，学生有意识运用时空观念掌握基础知识方面，仍然有改进和上升空间。

4. 教师教学现状方面：教师教育教学方法和手段相对单一

问题13：教师系统讲授过历史纪年法吗？

选项及所占比例（%）

系统讲解过	用到时讲过	没有讲过
10.9	67.7	21.4

问题14：教师会将同一时期不同国家和地区的历史事件进行联系和比较吗？

选项及所占比例（%）

经常	偶尔	没有
38.6	57.7	3.7

问题 15：教师用历史地图来辅助教学吗？

选项及所占比例（％）

经常	偶尔	没有
27.3	59.1	13.6

问题 13、问题 14 和问题 15 的调查结果表明：关于高中历史教师对各种纪年法的讲授情况，10.9％ 的学生认为教师系统讲过，67.7％ 的学生认为教师学习用到时才会讲，21.4％ 的学生认为教师没有讲授过。除此之外，注重历史的纵横对比运用相对较多，经常进行纵横对比的占 38.6％。关于高中历史教师是否会用历史地图来辅助教学方面，27.3％ 的学生认为教师在教学中经常使用，近 60％ 的学生认为教师偶尔使用，13.6％ 的学生认为教师很少使用。从调查结果可以看出，大部分高中历史教师在教学中都会使用历史地图。这说明，高中历史教师意识到了历史地图在教学中的重要性，但充分利用好历史地图方面还需改善，否则不利于学生历史时空观念素养的形成。

问题 16：你如何评价现在使用的高中历史教材？

选项及所占比例（％）

喜欢	不喜欢	无所谓	可以使用，但还有改进之处
37.2	5.1	27.7	30

对于现行的高中历史教材，37.2％ 的学生表示喜欢，5％ 左右的学生则表示不喜欢，27.7％ 的学生没有明显倾向，一副无所谓的态度，而有 30％ 的学生提出了可改进之处，如每一课时课文内

容容量较大、文字史料，尤其古文材料较大，存在阅读理解上的障碍，每一单元后缺乏单元总结。

（二）高中生历史时空观念素养问题的成因

通过对学生进行问卷调查分析，影响高中学生历史时空观念素养提升的原因，有以下几个方面：一是部分历史教师在教学过程中不能够较好地整合课本等教材资源，尤其是《历史地图册》等资源，导致在教学过程中，教学内容所用的文字材料较多，而忽视了学生在阅读方面的短板；二是部分学生的基础知识掌握不牢。基于自身的教育教学经验和调查，笔者发现中山市实验中学高中一学生通过初中三年的历史学习，已经掌握了最基础的历史知识，具备了一定的基本能力。然而，由于初中历史考试（包括中考考试）采取半开卷考试，再加上本校高一学生来自不同学校，而本市不同初中受限于历史师资力量和重视程度，导致了初中阶段对历史不够重视，认为在考前读读背背，考试时多带点参考资料就可以应付过去。进入高中后，学生除了历史之外，还有其他科目的繁重学习任务，留给历史的学习时间不多，导致学生的历史基础知识掌握比较薄弱；三是教材编排设计。现行高中历史教材从编写体例上以通史为基础，以时间为线索构建知识体系。这种编写体例有助于学生理清历史发展的时间脉络，然而，现行教材每一课时内容涉及的时间跨度大，牵涉到的知识点太多，课文高度浓缩概况，再加上有些学生没有掌握科学有效的学习方法，反倒是容易记错，且不易建立历史的前后联系，运用时经常出现混乱；四是教师受限于教学课时的紧张和内容的庞杂，无法向学生解释清楚相关内容；在处理相关教材内容时，不能有效挖掘、整合教材内容，突出其隐含的知识线索和阶段特征等。

（三）高中生历史时空观念素养培养建议

首先，教师在教学过程中尽量合理运用教材中的地名、地图和配套的地图册，培育学生的空间观念。例如合理运用教材中的插图和配套的地图册。新版教材课本上很多地图，结合配套的历史地图册对培养学生的空间观念具有重要作用。一切历史事件都是在一定范围地区进行的，能够使学生了解历史事件发展的确定空间和进程。地图是历史教学的重要直观教具，能最大程度发挥学生的想象力，激发学生的求知欲。因此，在高中历史教学中，教师应该引导学生学会解读各种历史地图，从中获取有效信息。同时，也可以合理运用教材中出现的地名。新课标指出：知道特定的史事是与特定的空间相联系的；知道分割历史空间的多种方式，并能运用这些方式叙述过去。教材中出现的各种历史地名，是历史空间观念的重要组成部分。像一些常见的地名：黄河流域、长江流域、中原地区、岭南地区，山东地区和山西地区等。由于地理沿革、行政区划等方面的变迁，一些地名在历史不同时期也有不同叫法。例如，洛阳在历史上曾被称为洛邑、洛京、京洛、西京等，开封在历史上曾被称为大梁、陈留、汴州、东京、汴京和汴梁，北京在历史上曾被称为幽州、南京、中都、大都、京师和北平。如果学生能对教材中出现的大量地名进行归类整理，古今对照，学生不仅知其然，而且能知其所以然，这对形成牢固的空间观念无疑是很有益的。

其次，教师可以引导学生制作历史时空坐标轴、时间表和大事年表。记住一些历史事件发生的时间是高中历史学习的重要任务之一，记不住时间，就无法弄清一些历史事件之间存在的因果联系，也无法掌握历史发展的规律和趋势。记住时间也是高中学生历史学习的一个难点，容易出现遗忘和混淆。在高中历史教学中，以时间为经、空间为纬制作历史时空坐标轴来说明某一个历史事件或历史现象，让学生知道特定的史事是与特定的时间和空间相联系的。在此基础上，能够按照时间顺序和空间要素，建构历史事件、历史人物、历史现象之间的相互关联；能够在不同的时空框架下对史事做出合理解释。或者将同一事物在不同历史时期的发展制作成时间表，有助于学生将历史知识点进行合理的归纳整理。例如，在学习《中外历史纲要（上册）》时，可以引导学生将第一单元至第四单元中国古代史中，中国古代各个朝代加强中央集权的内容按照时间顺序整理成时间表，或是将中国古代各朝代的民族政策同样按时间先后整理成时间表，形成相应专题。

再者，教师要合理运用各种课外教学资源。社会科技的不断进步，越来越多的工具和手段被运用到教学中，多媒体教学和传统教学手段相比，具有相当的优势。在运用多媒体教学时，教师可以将教学内容与音频、视频、文字材料和地图等各种史料结合起来，调动学生的学习兴趣，加深对历史基础知识的理解。例如，在高中历史教学中，教师可以利用《大国崛起》等纪录片。这些纪录片由于使用了很多的珍贵史料，如当时的照片、音像制品和当事人的口述回忆等，能跨越时空，通过声音和画面等再现历史事件发生的过程，这对于培养学生的历史时空观念素养具有重要作用。或者充分利用乡土资源和校本教材。如历史文物、博物馆和纪念馆等。通过学生寒暑假的综合实践研究性学习，引导学生参观一些历史博物馆和纪念馆，弥补课堂教学的不足。例如，在学习中国近代革命史时，可以引导学生参观孙中山故居、郑观应故居、中山博物馆等，通过重温革命历史，探寻历史事件发生的背景和过程，更有利于学生历史时空观念素养的提高。

总而言之，培育高中学生历史时空观念素养的教学实践研究，特别是对绝大多数成绩处于中游的学生来说，具有重要意义。只要诊断出学生在历史时空观念素养方面存在的主要问题，因人制宜，有针对性地实施培育策略，他们的历史时空观念素养就能得到不同程度的提升。

参考文献：

[1] 马维林.我们赖以认识历史的"时空观念"阐释 [J].历史教学（上半月刊），2017(3)：38-42.

[2] 马维林.历史课程目标中"时空观念"的理解维度 [J].教学与管理，2017(25)：55-58.

[3] 李萍.巧用时间轴，培养学生的时空观念 [J].中学历史教学，2017(12)：60-63.

[4] 郑林.论中学探究式历史学习课程的内容选择与编排 [J].课程—教材—教法，2011(10)：70-75.

[5] 朱章泽.高中历史教学中历史时空观的培养 [D].福州：福建师范大学，2017.

[6] 中华人民共和国教育部.普通高中历史课程标准：2017年版，2020年修订 [M].2版，北京：人民教育出版社，2020.

[7] 艾宛虹.浅谈历史核心素养之时空观念在课堂教学中的运用 [J].中学历史教学，2017(5)：11-13.

[8] 孙春勇.关山难越，谁悲失路之人：基于时空观念的《辛亥革命》教学设计 [J].历史教学（上半月刊），2018(2)：24-30.

[9] 徐蓝.基于历史学科核心素养的课程结构与内容设计：2017 版《普通高中历史课程标准》解读 [J]. 人民教育，2018(8)：44−52.

[10] 徐蓝，朱汉国.普通高中历史课程标准（2017 年版，2020 年修订）解读 [M]. 北京：高等教育出版社，2018.

第二章

时空观念下的教学研究

学生视角下中学历史教学中时空观念培养研究

《普通高中历史课程标准（2017 年版，2020 年修订）》（以下简称"新课标"）指出，时空观念是在特定的时间联系和空间联系中对事物进行观察、分析的意识和思维方式。[1]恩格斯说过："因为一切存在的基本形式是空间和时间，时间以外的存在和空间以外的存在，同样是非常荒诞的事情。"[2]人类的任何历史活动，都是发生在一定的时间，并在特定的环境中进行的。离开了时间和空间就谈不上历史的存在。因而，时间和空间是构成历史的基本要素之一。在中学历史学习中，学生只有树立正确的时空观念，才能在正确的时空观念指导下，知道历史事物的发生过程，较为完整与清晰地认知历史，理解历史。如果在历史教学中教师忽视对学生时空观念的培养，学生缺乏正确的时空观念，学生就无法从宏

---

① 中华人民共和国教育部：《普通高中历史课程标准（2017 年版，2020 年修订）》，北京：人民教育出版社，2018。

② 恩格斯：《反杜林论》，人民出版社，第 49 页。

观和微观、纵向与横向的角度清晰准确地认识历史现象、分析前因后果、总结把握历史的规律，顺利做出历史解释，从而理解过去、观照现实、引领未来。由此可见中学历史教学中培养学生的时空观念是教学得以顺利开展的基础。那么，当下中学历史教学中时空观念落实情况如何？学生视角下教学实践中教师该如何有效培养学生的时空观念？笔者结合教学实践，试作浅论。

一、时空观念培养是中学历史教学的应然选择

（一）时空观念的培养是遵循教育规律，促进学生健康发展的必然选择

历史教育的任务，就是透过史料，在具体的历史时空背景中去理解人类实践活动，以今天的视角对过去发生的历史进行形塑，是一种基于客观事实的主观建构。历史研究者在历史叙述中将生活或过去本身原本在实践上分开的东西放在一起，将不同时空中的历史纳入统一时空范围加以考察，让历史永远保持着认知过去、关注现实、探索未知的张力。[①] 在平时历史教学中的时空观念培养中，教师除了从"自然时空"的理解出发，和学生一起以实事求是的态度来认识历史，获取历史事实，构建历史知识结构，形成历史发展的清晰线索以外，还应该将时空观念进一步深化，进入"社会时空"的理解阶段，同时，不再仅仅是对具体的、个别的历史史实的澄清，也应包含在具体的历史时空中去理解特定时代人的

---

① 马维林：《历史课程目标中"时空观念"的理解维度》，载《教学与管理》，2017 年 (25)，第 55—58 页。

精神伦理状况。从"心灵时空"维度的时空观念出发，理解历史的价值意蕴，充分发挥历史学科的育人功能，促进学生全面健康发展。

（二）时空观念的培养是衔接高考，为高校输送合格人才的需要

2018年1月，教育部审定的《普通高中历史课程标准（2017年版，2020年修订）》由人民教育出版社公开发行。新课标和2003年教育部制定的《普通高中历史课程标准（实验）》相比，课程目标上由"三维目标"发展到"历史学科核心素养"的培养，时空观念素养作为高中历史学科五大核心素养之一，被确定为"了解和理解历史的基础，是认识历史所必备的重要观念"，是整个历史认识过程的必经阶段，是诸素养中学科本质的体现。新课标对时空观念的重视必然引起高考命题者的相应衔接，实际上，在新课标正式公开发行前，高考对于时空观念的考查就已然相当重视。

如2015年高考全国Ⅱ卷第40题，试题提供了两则材料，一是关于孟子与其学生关于法律问题的讨论；二是关于《苏格拉底的申辩》：苏格拉底虽认为判决不公，但拒绝逃走，最终从容赴死。问题：根据材料并结合所学知识，指出两种法制观念产生的社会背景。

2016年高考全国Ⅱ卷第40题，试题提供了两则材料，一是近代以来全球国际人口迁移；二是16世纪以来的中国海外移民以及华侨华人对祖国的贡献。问题：根据材料一、二并结合所学知识，指出16世纪以来中国海外移民的特点及形成的主要原因，并说明华侨华人在中国近代史上的贡献。高考中众多诸如此类对时空观念加以考查的题类，对学生时空素养的培养提出了更高的要求，同时也彰显了时空观念培养的重要性与必要性。

二、时空观念培养在当下中学历史教学中的缺位与错位及原因探析

但回归现实，不难发现在中学历史教学中，时空观念的被重视程度及有效落实状况确实堪忧。不少学生存在时空错乱现象，支离破碎地理解历史，无法从宏观层面把握历史事件，更不能对历史事件形成科学理性的解释。历史教学不仅不能充分发挥人文学科的人文涵养功能，而且灌输支离破碎的知识，残忍地扼杀了学生对历史学科的学习兴趣，让学生本可以通过古今对话从而获取的幸福感旁落他乡，也无法服务与学生健康发展的需要，无法为高校输送健全合格的人才。而若要有效改变这一现象，就必须冷静分析，厘清问题产生的原因，从而找出相应对策。

（一）初中历史教育的边缘化延滞了时空观念的培养

受多方因素影响，初中历史考试（包括中招考试）采取开卷考试的形式，造成师生在历史教与学的过程中对历史不够重视，肤浅地认为在考前读读背背，考试时多带点参考资料就可以应付过去。因而，学生通过初中三年所获取的历史知识一是表面化；二是支离化。加之进入高中后，学生需要学习的科目骤然增多，除了历史之外，还有语文、数学、英语、政治和地理等科目都需要学习，无法给予历史充足的学习时间，薄弱的基础与现实学习的困难，使得初高中历史教育无法第一时间顺利衔接，教学中时空观念的培养被搁置一旁。

（二）教材以专题为主要形式的编排设计不利于时空观念的培养

2004年新版教科书采取专题的方式构建新体系，本意是培养学生的空间联系和整体史观，但是把中国史和世界史分开专题编写，在世界史中没有中国史的身影，在中国史中没有世界史的参与，同样不利于培养学生的空间观念和整体思维。比如岳麓版（必修一）教材在叙述古代中国历史时，采取专题"古代中国政治制度"的形式，从夏、商、西周，尤其是西周的分封制、宗法制，到秦始皇创建的专制主义中央集权制度，主题非常鲜明，看似时序也比较清晰，但这种编排最为明显的薄弱之处便是强调历史事件的整体性而忽视具体时空对历史事件的影响，无法有效构成历史事件的横向与纵向联系，教材在进行历史叙事时因追求专题的完整而忽略掉一部分历史朝代的叙述，导致平时的教学中，学生无法形成完整的时序观念，加之教材以独立叙事的形式呈现专题，忽略了中国与世界的联系，对教学带来的不利影响是学生无法形成完整的时空观，无法完整地对历史进行理解与解释。

（三）部分教师教学理念的滞后、专业知识的不够完善误导了时空观念的培养

传统教学理念的根深蒂固，一定程度上约束了教师教学理念的更新与发展。应试教育下，陈旧的教学评价机制，使得部分教师无暇更新自己的教学理念，片面强调知识的简单重复，加之机械工作本身无法带给教师幸福感，日复一日地简单重复磨掉了不少教师的创造性，部分教师无暇更新、丰富自己的专业知识，一些历史教师没有经常关注历史研究的最新动态，不能及时更新和

完善自身的专业知识结构。因此，在教师自身对时空观念素养不够了解的情形下，无法向学生解释清楚相关内容；在处理相关教材内容时，不能有效挖掘、整合教材内容，突出其隐含的知识线索和阶段特征等；在教学设计中，也很难设计出启发性强、层次分明、有价值的问题，引导学生进行基于时空观念的历史思考。

三、中学历史教学中时空观念培养策略

无疑，时空观念培养的重要性已日益凸显，但如何将时空观念培养真正有效落实于一线教学，其研究基点应该源于学生视角，以学生为中心，根据学生认知水平的差异，遵循客观的教育规律。为此，笔者根据新课标关于时空观念的分层标准，结合学生的认知水平，按梯度设计以下教学策略：

（一）引领学生关注历史事物的时空维度，厘清其不同表达方式，开启历史之门

帮助学生建构时空观，首先要让学生知道和掌握基本的纪年方法，也就是历史中计算年代的时间标准。每个国家、民族都有各自的纪年方法，迄今为止，不同地区的纪年方法仍不相同。中国历史研究和教学中普遍使用的纪年方法主要有：1. 年号纪年法，该纪年法以皇帝年号为纪年标准。汉武帝以前是没有年号纪年的，汉武帝开始使用"建元"年号，年号纪年开始于建元元年。2. 朝代纪年法，该纪年法以朝代为表达大概时段的重要方式。比如，西汉末年、三国时期、明末清初，等等。3. 干支纪年法，干支是天干地支的简称。天干有十天干即甲乙丙丁戊己庚辛壬癸，地支有十二地支即子丑寅卯辰巳午未申酉戌亥，十天干和十二地支按照

顺序组成干支的搭配来表示时间纪年。从甲子始到癸亥末，共有60年一个周期轮回。 近代史中常有甲午战争、庚子赔款、辛丑条约等说法。但要注意的是可以说1901年是辛丑年，但不能说辛丑年是1901年。4. 公元纪年法，公元纪年法的标准是以《圣经》中传说的基督教创始人耶稣诞生的那一年（相当于我国西汉平帝元始元年）为纪元，故亦称"基督纪元"。耶稣诞生之前为公元前某年，之后为公元某年。中国正式开始采用公元纪年是1912年中华民国建立后，当时规定，公元纪年与民国纪年并进，中华人民共和国成立后，纪年就只采用公元了。中学历史教材为了学生学习的方便，在有确切的纪年开始，都换算成了公元纪年。中国确切纪年是从西周的周召共和开始的。5. 民国纪年，民国纪年是在辛亥革命后中华民国成立为起始第一年的纪年法，中华民国成立于1912年1月1日，因此1912年为民国元年，实际也就是民国一年。历史空间包括自然环境和社会环境。因此对历史空间的基本认知方法，包括对自然地理空间和社会环境空间的认知方法。对历史的自然空间的认知方法主要集中在历史地图的认识和使用以及"左图右史"意识的养成上。对社会空间的认知主要体现在历史时空的纵横联系上，辨识历史事件不同时空表达方式的基础上，为进一步揭示历史揭示史事所处的具体时空背后的意义，并洞悉历史的复杂面貌，奠定基础。

（二）指导学生将历史事件进行"时空定位"，并建构多个史事的时空联系，走近历史，认识历史

历史事件总是发生在特定的时空，只有将历史事件置于具体的时空，综合特定时空下政治、经济、文化和客观环境的影响，才能对历史事件进行较为全面的理解。而在具体的历史教学中，教师可以通过历史时间轴和历史地图的绘制、"左图右史"等方式，对历史事件进行时空定位，并通过历史年表的制作，建构多个史事的时空联系，厘清相关史事的因果关联，走近历史。比如：学生学习"走向世界的资本主义市场"这个专题，可以用流程图或者历史年表来总结，既可以纵向厘清资本主义世界市场的建立过程，也可以横向把中国与同时代的世界对比，看清楚世界与中国所处的位置，以及世界对中国日益加深的影响。[①]

纵向：资本主义世界市场的形成过程

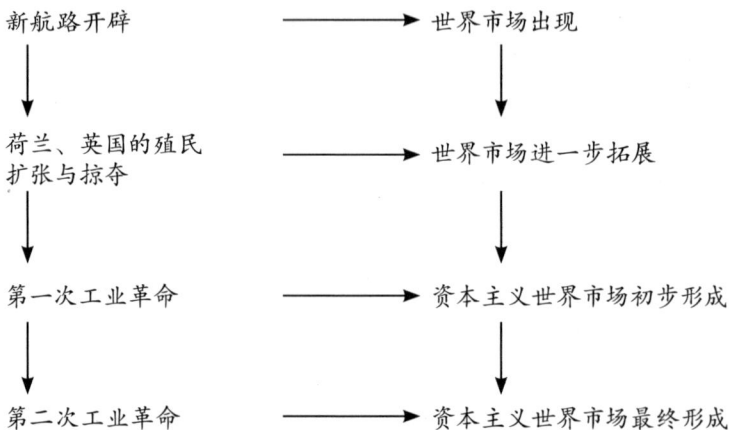

新航路开辟 ————————→ 世界市场出现

↓ ↓

荷兰、英国的殖民
扩张与掠夺 ————————→ 世界市场进一步拓展

↓ ↓

第一次工业革命 ————————→ 资本主义世界市场初步形成

↓ ↓

第二次工业革命 ————————→ 资本主义世界市场最终形成

横向：14 世纪—19 世纪末 20 世纪初中国与西欧近代以来经济方面的对比

---

① 张渝阳：《新课标下高中历史教学中学生时空观念培养研究》，四川师范大学，2018 年。

14 世纪—19 世纪末 20 世纪初的中西方经济对比表

	中国	西欧
14、15 世纪到 18 世纪中期	明："海禁" 清：闭关政策； 明清工商皆本	新航路开辟，世界市场雏形出现；商业革命，价格革命，荷兰一度成为商业资本最发达的国家。工业：工场手工业迅速发展，重商主义经济政策。
19 世纪中期	自然经济逐步解体；中国逐步卷入资本主义世界市场；洋务运动"中体西用"；近代工业的产生	工业革命（18 世纪—1840 年前后）；工厂制；自由主义（自由经营、自由竞争、自由贸易）
19 世纪末 20 世纪初	实业救国热潮和民族工业的初步发展和短暂春天；列强掀起瓜分中国狂潮	第二次工业革命（19 世纪 70 年代—20 世纪）；垄断组织；世界市场形成：初步形成和最终形成

如此通过年表的设置既可以纵向厘清资本主义世界市场的建立过程，也可以横向把中国与同时代的世界对比，看清楚世界与中国所处的位置，以及世界对中国日益加深的影响。使学生进一步走近历史，对话历史。

（三）鼓励学生将历史事件适时选择多种时空尺度独立分析、比较、探究，追寻历史规律，引领未来

历史时空里人的实践活动总是无处不在，历史时空既包括客观的自然时空，也包括以人的实践活动为纽带的社会时空。因而，对历史进行理解，教师要引导学生回归特定的历史时空，以"同情之理解"的态度，在特定的历史时空下对历史事件、历史人物进行理解，尽可能站在当时的历史背景下还原历史；同时，又要回归现实，以今天的视角对历史事件与历史人物进行理性的判断、分析、探究，探寻历史背后规律，建构价值，从而关照现实、引领未来。而这一过程，需要教师在平时的一线教学中引领鼓励学生将历史事件置于不同时空，独立分析、比较、探究，形成自己的解释。如对"辛亥革命"的研究，我们不仅应该从当时世界历史的发展潮流和中国历史进程所处的阶段进行认识，从时空的角度考察当时的中国和世界，还要从当今中国社会变革的角度，真正领悟孙中山等资产阶级革命家顺应时代潮流、反对封建专制、推动民主共和的深远意义。

"时空观念"贯通过去、现在和未来，既属于历史学科方法论范畴，也属于历史学科课程目标范畴，既是学生运用史料，理解历史，解释历史的科学工具与方法，也是学科核心素养的重要内容与目标。一线教学中，基于学生视角时空观念的培养策略，既是学科教育的需要，也是遵循教育规律，培养全面发展的学生的需要，更是新时代发展的需要。

高中历史时空观念素养水平 1—4 解读与教学实践
——以《工业革命》一课为例

时空观念是在特定的时间联系和空间联系中对事物进行观察、分析的意识和思维方式。任何历史事物都是在特定的、具体的时间和空间条件下发生的，只有在特定时空框架中，才可能对史事有准确的叙述与理解。因此，时空观念是既指在特定的时空联系中对事物进行观察、分析的观念，也是科学认识和理解历史事物的方法。《普通高中历史课程标准（2017 年版，2020 年修订）》（以下简称"新课标"）将"时空素养"列为历史学科五大素养之一，并进一步划分了该素养的四个表现水平。水平 1：能够辨识历史叙述中不同的时间与空间表达方式；能够理解它们的意义；在叙述史事时能够运用恰当的时间和空间表达方式。水平 2：能够将某项史事定位在特定的时间和空间框架下；能够利用历史年表、历史地图等方式对相关史事加以描述；能够认识事物发生的来龙去脉，理解空间和环境因素对认识历史与现实的重要性。水平 3：能够把握相关史事的时间、空间联系，并用特定的时间和空间术语对较长时段的史事加以描述和概括。水平 4：在对历史和现实问题进行独立探究的过程中，能将其置于具体的时空框架下；能够选择恰当的时空尺度对其进行分析、综合、比较，在此基础上做出合理的解释。而对于时空观念素养的考查，《普通高中历史课程标准》（2017 年版，2020 年修订）明确规定：历史学科的学业水平考试分为两类：一类是合格性考试，全体学生均须参加，以必修课程为考试内容，达到学业质量水平 2，即为合格，是学生学分认定和毕业的重要依据；另一类是等级性考试，由学生根据报考高校要求和自身特长自主选择，以必修和选择性必修课程为考试内容，以学业质量水平4为命题的基本参照，成绩计入高校招生录取总成绩。由此可见，在中学历史教学中，落实时空观念素养，并根据学生实际，有效实行分层教学，极为现实与重要。笔者以《工业革命》一课为例，尝试对时空观念的四个层级表现水平在教学中落实进行初步探讨。

一、知道工业革命爆发的时间、地点，
初习时空观念素养水平1的要求

导入新课：工业革命，又称产业革命或技术革命，主要是以机器取代人力，是资本主义由工场手工业阶段到工厂大机器生产阶段的一个飞跃，它既是生产领域里的一场大变革，又是社会关系方面的一场革命，是资本主义发展史上的重要阶段。

18世纪60年代，英国首先开展了第一次工业革命，人类进入蒸汽时代，到了19世纪70年代的时候，以美国、法国为主导的第二次工业革命发生，人类进入电气时代。这两次工业革命也实现了人类社会从简单协作到工场手工业，再到机器大生产的生产方式的转变。（接下来，让我们走进第一次工业革命——蒸汽时代）。教师巧设问题链：

问题1：教材工业革命爆发的时间采用的是西方的公历纪年，请问，你所知道的纪年方式还有哪些？

问题2：请在世界地图上找到工业革命的首发地英国的准确地理位置，完成时空观念素养水平2的要求位置和区域范围。

学生通过讨论，完成问题1，知道工业革命爆发的时间是18世纪60年代至19世纪40年代，并进一步了解教材采用的是公

元纪年的方法。而除此之外，历史纪年的方法还包括年号纪年法，如"雍正元年"，干支纪年法，如"戊戌变法"等。学生通过在地图上找到英国的位置和区域，整体感知处于大西洋沿岸的英国，于新航路开辟之后迅速崛起，崛起后的英国为工业革命的到来准备了一系列的条件。由此，掌握时空观念素养水平 1 的要求。

二、理解工业革命在英国爆发的原因，了解工业革命的历程，掌握时空观念素养水平 2 的要求

相对于学生来讲，工业革命毕竟发生在几个世纪以前且相距较远的英国，如何让学生近距离了解工业革命，情境设置是一个比较理想的措施。

教师通过设置情境：琼森（Jonson）是第一次工业革命时期英国曼彻斯特的一名商人，他想投资工业生产，那他应该考虑哪些条件呢？

学生回答：（资本、技术、劳动力、市场、资源、环境）

英国最先发生工业革命的有利条件		
可能性	政治前提	资产阶级统治的确立
	劳动力	圈地运动
	资本	殖民掠夺、贩奴、圈地运动
	技术	手工工场时期的技术积累
	保障	专利法的颁布
	原料	本土煤铁丰富；殖民地广大
必要性	市场需求	国内外市场需求不断扩大

那么，当时的英国是否有为琼森提供创业的优势条件呢？请同学们阅读课本第40页一二自然段的内容，完成下面的表格。

情境：在分析了英国的有利背景后，Jonson建立了一个棉纺织工厂，但是这个月的订单高达10000匹布匹，靠旧式的纺织机无法在两周内完成，那Jonson该怎么办呢？（得出：技术革新）

（那我们来看看当时的棉纺织部门发生了怎样的技术革新）

凯伊：飞梭；哈格里夫斯：珍妮纺纱机；阿苕莱特：水力纺纱机；卡特莱特：水力织布机。

教师设置情境：Jonson的棉纺织业取得了重大的技术革新，各个部门实现了机械化。而Jonson的老朋友们则在采矿、冶金、交通方面取得了重大的进展，接下来我们重点来了解一下交通方面的成果。

交通：1. 标志：瓦特改良蒸汽机。

材料："蒸汽机是工业城市之母"。蒸汽动力的出现，加快了工业化的速度，人类社会由此进入蒸汽时代；同时带来了交通运输业的革命，1814年铁路运输出现，铁路时代到来。

（图片：1831年施工中的英国利物浦——曼彻斯特铁路；英国史蒂芬孙父子1826年制造的蒸汽机车"火箭"号；火车。）

2. 1807年，富尔顿制成了世界上第一个蒸汽机轮船"克莱蒙特号"，是世界上轮船的首创者。他为世界人类航海事业的发展作出了卓越的贡献。

部门	发明家	发明	备注
棉纺织	哈格里夫斯 阿克莱特	珍妮纺纱机 水力纺纱机	提高纺纱功效，促进水力织布机的发明

部门	发明家	发明	备注
冶金采矿		一系列重大技术发明，如蒸汽抽水机、安全灯、焦煤炼铁法	大大提高技术
动力方面	瓦特	万能蒸汽机	人类进入"蒸汽时代"
交通运输	美国人富尔顿英国人史蒂芬孙	汽船火车机车	加强洲际联系铁路时代到来，提高运力。

（以上就是第一次工业革命时期的一些重要成就，接下来笔者将通过一个表格来总结一下第一次工业革命的内容。）

该设计尝试从英国的空间地理环境的独特性来分析工业革命首先在英国发生的原因和条件，让学生知道，历史事件是发生在特定的历史时空中，历史时间具有一致性，"人不能两次踏进同一条河流"。而历史时间的这一特性也决定了历史时空的特定性，只有在特定的历史时空中，我们才有可能相对真实地认识历史。

同时，教学过程中教师尝试以工业革命时期重大历史事件发生的时间为线索，从历史时间段的角度，梳理工业革命的发展历程，并和学生一起探讨并概括出各个阶段的标志性特征。历史是一条长河，只有在相对长的时间内去整体把握历史，才有可能对历史形成相对完整的认识。

三、掌握世界市场形成的相关史实，
完成时空观念素养水平 3 的要求

工业革命是资本主义世界市场推动下的产物，而工业革命的完成，又促成了资本主义世界市场的形成。

教师解释世界市场的概念：世界市场是指通过国际间的买卖而使各国国内市场得以联系起来的交换领域。

世界市场的形成过程

形成过程	标志事件	影响	时间
开始形成	新航路的开辟	世界市场开始形成	16—18 世纪中期
初步形成	工业革命的开展	世界市场初步形成	18 世纪中期—19 世纪六七十年代
最终形成	第二次工业革命的开展	世界市场最终形成	19 世纪末 20 世纪初

要求学生思考：资本主义世界世界市场形成的途径有哪些？过程如何？

学生通过讨论回答并总结如下：

（1）形成途径：①国际贸易的发展；②人口的流动；③资本的流动；④武力威逼。

（2）形成过程

要求学生思考：世界市场形成于何时？对世界产生哪些重大影响？

学生通过讨论回答并总结如下：

（1）积极

①对欧洲：经济上，促进了资本主义经济的发展。

②政治上，资本主义国家逐渐成为垄断组织的代表，从经济上瓜分世界，19 世纪末 20 世纪初，主要资本主义国家相继进入

帝国主义阶段。

③对世界：加强了世界各国社会经济的相互联系，导致世界经济体系的形成。

④对亚非拉：摧毁了亚非拉传统的自然经济，客观上传播了资本主义生产方式和思想观念，刺激了殖民地半殖民地国家民族资本主义的产生。

（2）消极

经济危机波及他国甚至影响全世界。加剧了殖民地半殖民地地区的贫穷和落后，限制和阻碍了亚非拉等地的民族资本主义的发展。

历史从来不是安静的湖，历史是流动的河，历史时间的流动性要求我们从整体上把握动态的历史事件，同时，也要求我们从变动不居的时间中冷静细致地了解历史事件之间的联系。

四、探究全球工业革命对中国的影响，达成时空观念素养水平 4 的要求

工业革命完成后，英国成为"世界工厂"，工业革命为英国的对外扩张提供了先进的物质条件，先进的工业文明有了战胜农耕文明的无限可能。同时，工业化生产所需的更为广阔的原料市场和产品倾销市场，也推动了英国的对外扩张。于是，英国于 1840 年向中国发动了鸦片战争。这场战争是两大文明的第一次正面碰撞，也让中国历史发生了重大转折。

教师设问：

1. 从鸦片战争中两大文明的交流与冲突，留给了我们怎样的启示？

你如何理解今天我们正在进行的"全球化"？

2. 鸦片战争开启了中国的近代化历程，你如何正确评价中国近代历史所经历的艰难而又曲折的近代化历程？

水平 4 是时空观念素养培育中的综合性要求，要求在独立探究历史和现实问题的过程中，在厘清历史事件与其所处时空之间复杂联系的前提下，将历史事件置于不同时段、不同区域进行分析、综合、比较，对不同的时空框架下的史事作出合理解释，从而全面、深入地认识历史、把握规律。本节课笔者尝试将工业革命置于东西方不同的时空比较、考查，让学生认识到不同文明在交流过程中，如果不详细了解对方，不以一种宽容的心态去承认文明的多样性，文明之间就会发生冲突，引发悲剧。

历史教育的使命，在于能够进一步拓展学生的历史视野，发展历史思维能力，认清历史发展规律和发展趋势，梳理正确的世界观、人生观、价值观和历史观，要让学生能理解历史，构建自己对历史的解释。而这一使命的达成，离不开时空观念的意识与方法。

时空观念培养的逻辑缺失与对策

—— 以《新民主主义革命》一课为例

"时空观念"是指在特定的时间联系和空间联系中对事物进行观察、分析的意识和思维方式。任何历史事物都是在特定的、具体的时间和空间条件下发生的，只有在特定的时空框架当中，才可能对史事有准确的理解。《普通高中历史课程标准》(2017 年版，2020 年修订)提出了两个基本观念：一是时序观念；二是空间观念。时空观念这一核心素养，既是认识历史的观念，也是认识历史的方法，较为突出地表现了历史学科的学科特点，是历史学科专业性的集中体现，因而具有关键性的意义。然而，在高中历史教学实践过程中，"时空观念"的培养一定程度上存在逻辑缺失的现象，引人深思。

一、"时空观念"培养的逻辑缺失

笔者在听课过程中，发现不少教师在讲述岳麓版（必修一）《新民主主义革命》一课时，教师在"时空观念"的培养方面，存在以下逻辑缺失：

（一）时间与空间的人为割裂

在讲述《新民主主义革命》一课时，教师一般都会重点强调新民主主义革命的四个历史时期：国民大革命时期（1924—1927年），土地革命时期（1927—1937 年），抗日战争时期（1931—1945 年），解放战争时期（1945—1949 年）。教师在重点讲述这四个主要历史时期时，却无意间割裂了时间与空间的关系，如轰轰烈烈的国民大革命从广州出发，一路向北，直指当时的北洋军阀；土地革命时期中共领导的工农红军从江西井冈山开辟第一块农村根据地开始，星星之火终成燎原之势，1931年在江西瑞金建立中华苏维埃共和国，但由于南京国民政府的疯狂围剿，中共被迫从江西瑞金战略转移至陕北延安；解放战争时期，中共一路艰辛一路歌，从延安一直挺进到北京城等，教师都没有重点强调与讲述。无疑，时间与空间的人为割裂不利于学生完整地了解历史，也无法让学生走近历史，感悟历史。

（二）"时空观念"与其他核心素养的人为剥离

《普通高中历史课程标准（2017年版，2020年修订）》中指出，历史学科核心素养包括唯物史观、时空观念、史料实证、历史解释、家国情怀等五个方面，这五个方面其实是一个整体，它体现在每一节历史课堂之中，蕴含于每一历史事件的学习之中，建构于学生的历史意识之中。历史教学流程的"经线"就是以时空为背景，展现浩瀚历史长河；用丰富的史料"重构"历史事实，回到现场；用时代的视角去观察历史表象，以"唯物史观"的史学理论"抽丝剥茧，探明历史的因果"；从"家国情怀"的价值观出发，审时度势，建构所学历史在当下的"意义"，从而达到立德树人的终极目的。[1]可见，"时空观念"作为历史学科的五大核心素养之一，与其他四大核心素养构成一个完整的整体，在培养"人"的过程中，与其他四大核心素养同频共振，合力完成。但不少教师在设计《新民主主义革命》一课时，设计以下教学目标：通过新民主主义革命四

---

① 赵玉英、郎文涛：《高中历史学科核心素养的实践性解读》，载《历史教学问题》，2020年第4期。

大时期的讲述，促进时空观念目标的达成；通过新民主主义革命意义的讲述，实现"家国情怀"目标的达成等。机械人为地将时空观念与历史学科其他核心素养剥离，无法实现课堂核心素养的真正达成。

（三）"时空观念"简单止步于水平1和水平2

《普通高中历史课程标准（2017年版，2020年修订）》将时空观念素养分成四个等级。水平1：能够辨识历史叙述中不同的时间与空间表达方式；能够理解它们的意义；在叙述史事时能够运用恰当的时间和空间表达方式。水平2：能够将某项史事定位在特定的时间和空间框架下；能够利用历史年表、历史地图等方式对相关史事加以描述；能够认识事物发展的来龙去脉，理解空间和环境因素对认识历史与现实的重要性。水平3：能够把握相关史事的时间、空间联系，并用特定的时间和空间术语对较长时段的史事加以描述和概括。水平4：在对历史和现实问题进行独立探究的过程中，能将其置于具体的时空框架下；能够选择恰当的时空尺度对其进行分析、综合、比较，在此基础上作出合理的解释。[1]但不少教师在讲述《新民主主义革命》一课中的"井冈山道路的开辟"一子目时，仅仅是要求学生识记1927年这一特定时间，同时只是要求学生在教材与地图上找到江西井冈山这一具体客观的空间位置。如此，在"时空观念"的培养方面，简单止步于水平1和水平2。其实，每个不同的历史空间其实是一个"综合场"，有其特定的政治、经济、文化与习俗风情。如《新民主主义革命》一课中的"井冈山"，是一个远离城市、易守难攻的地理空间，但它

---

① 教育部:《普通高中历史课程标准（2017年版，2020年修订）》，人民教育出版社2018。

也是一个大革命时期工农运动活跃、群众基础良好的政治空间，一个小农经济状态下能自给自足的经济空间，具备"工农武装割据"的历史基础。井冈山是诸多革命条件的"综合场"。[①] 历史空间不是简单的地形、地貌等自然环境要素的堆积，必然包含着一定时间里的民众活动所依赖的政治制度、生活习俗、思想观念、经济因素等，是人在自然环境、社会环境的基础上不断活动、不断建构的结果，这些要素共同构成了该历史场所引发历史事件、出现历史现象的社会空间。[②] 在教学中，只有将历史时空与人的活动联系起来，上升至社会时空的领域，我们才能够把握相关史事的时间、空间联系，并用特定的时间和空间术语对较长时段的史事加以概括和说明，从而达成水平3的要求，并进一步完成水平4的要求。

二、"时空观念"培养的应然之策

（一）坚持整体性原则

"时空观念"首先是时序性与空间性的有机整体，任何历史事物都是在特定的时间与空间中发生，并与特定的时间与空间产生联系，不存在相对独立的时间或空间。因此，历史教学中，应遵循时序性与空间性结合的整体原则，整体把握与感悟历史。其次，"时空观念"作为历史学科五大核心素养之一，是五大核心素养的有机组成部分，历史教学流程的"经线"就是以时空为背景，展现浩瀚历史长河；用丰富的史料"重构"历史事实，回到现场；用

---

① 陈志刚、覃玉兰：《历史空间的内涵与空间观念素养的培养》，《历史教学》2018年第2期。
② 顾忠华、束鹏芳：《例谈初中历史教学中的三维历史空间》，《历史教学问题》2020年第4期。

时代的视角去观察历史表象，以"唯物史观"的史学理论"抽丝剥茧，探明历史的因果"；从"家国情怀"的价值观出发，审时度势，建构所学历史在当下的"意义"，从而达到立德树人的终极目的。历史教学离不开"时空观念"，但历史教学也绝不是仅仅只借助"时空观念"，唯物史观的统领，史料实证的借助，历史解释的达成，家国情怀的升华，同样都是历史教学的有机组成部分，是一个有机的整体。

（二）遵循发展性原则

历史学科五大核心素养无一例外，都是动态发展的。如"唯物史观"，社会历史条件不同，唯物史观呈现的面貌就不同。马克思曾说，当各个民族或国家处于封闭状态时，生产力与生产关系的矛盾运动在民族或国家的狭隘地域内单独进行，此时人类总体历史的演进是"自然历史过程"。但随着区域历史向世界历史转变，生产力与生产关系的矛盾运动越过民族的边界，具有世界性特征。[1] 同样如此，"时空观念"也不例外，《普通高中历史课程标准》（2017 年版，2020 年修订）对"时空观念"四个水平层级的划分，既是教学的目标与追求，同时也体现了"时空观念"的发展层级，因此，在平时教学中，教师不能一蹴而就，要根据教学的具体内容，遵循发展性原则，循序渐进，达到育人目标。

（三）注重价值性原则

"时空观念"不仅涵盖的是科学的社会历史知识，也包含了以人的发展为核心的价值取向。历史的时空不仅仅是自然的时空、社

---

① 　白翠红：《马克思唯物史观中蕴含的复杂性思维方式——兼评历史虚无主义的思维方式》，《贵州社会科学》2013 年第 8 期。

会的时空，同时蕴含着先辈们的探索勇气，奋斗精神。如《新民主主义革命》一课中，教师以"南昌—长沙—三湾—井冈山—古田—瑞金—井冈山的燎原之火"和井冈山道路的开辟过程的动态形势图加以总结，在明确地理空间转换的同时，学生也领会到了历史的社会空间。教师不妨用"星星之火，可以燎原"来概述这一条道路形成的意义，从而让学生理解井冈山道路隐含的理论与实践互动的精神空间。

"时空观念"的培养是一个整体的、系统的、发展的过程，需要精心研究，细心打磨，方能实现"立德树人"的宏伟目标。

批判性思维视野下时空观念素养培养路径探析 ^①
——以《冷战与国际格局的演变》一课为例

2017 版《普通高中历史课程标准》提出了历史学科五大核心素养，时空观念即为其中之一。它是指在特定的时间联系和空间联系中对事物进行观察、分析的意识和思维方式。任何历史事物都是在特定的、具体的时间和空间条件下发生的，只有在特定的时空框架当中，才可能对史事有准确的理解。可以说，时空观念素养既是认识历史的观念，也是认识历史的方法，较为突出地表现了历史学科的学科特点，是历史学科专业性的集中体现，因而具有关键性的意义。

那么，如何将时空观念素养落地？笔者尝试在批判性思维视野下，以统编高中历史新教材《中外历史纲要（下）》第八单元《20世纪下半叶世界的新变化》一课为例，探析时空观念素养的培育路径。

一、立足评价体系，明确教学目标

时空观念素养体现了历史学和其他学科的本质区别，其重要性不言而喻。近年来高考也越来越凸显学科素养，更注重综合能力的考查。据研究者统计，2019 年全国Ⅱ卷涉及考查时空观念素养的试题数量和分值达到全卷 76%，更加重视综合性、创新性、

---

① 本文系广东省教育科研"十三五"规划课题 2020 年度一般项目"中学历史教学培育时空观念素养的实践研究"的研究成果之一，课题批准号为 2020YQJK235。

开放性和现实性，多维度考查学生的综合素养。①

2017版《普通高中历史课程标准》对时空观念素养的学业质量标准也有四个水平的阐述：

素养水平	质量描述
水平一	能够辨识历史叙述中不同的时间与空间表达方式；能够理解它们的意义；在叙述个别史事时能够运用恰当的时间和空间表达方式
水平二	能够将某一史事定位在特定的时间和空间框架下；能够利用历史年表、历史地图等方式对相关史事加以描述；能够认识事物发展的来龙去脉，理解空间和环境因素对认识历史与现实的重要性
水平三	能够把握相关史事的时间、空间联系，并用特定的时间和空间术语对较长时段的史事加以描述和概括
水平四	在对历史和现实问题进行独立探究的过程中，能将其置于具体的时空框架下；能够选择恰当的时空尺度对其进行分析、综合、比较，在此基础上作出合理的解释

另外，新高考评价体系在评价理念上发生重大变化，明确高考由传统的"知识立意""能力立意"向"价值引领、素养导向、能力为重、知识为基"综合评价的转变，②最终实现"招—考—教—学"各个环节的无缝对接、良性互动。③

可见，课程标准、高考的趋向及高考评价体系的导向都要求教师在备课时应当把教学内容和核心素养的达成的目标相结合，

① 支正霄：《2015—2019年全国高考Ⅱ卷文综历史试题中的"时空观念"研究》，天津师范大学硕士论文，2020。

② 教育部：《中国高考评价体系》[Z].2019.8.

③ 教育部：《中国高考评价体系》[Z].2019.3.

循序渐进地培养学生的核心素养。因此，笔者在设计《20世纪下半叶世界的新变化》一课时，以冷战的地缘政治为主线展开教学，为学生搭建一个全新的认知构架，着重培养学生的时空观念素养。具体教学目标确定如下：

（一）通过对"黑海危机"、杜鲁门主义、马歇尔计划、北约、华约的形成等史事的学习，以"冷战"的地缘政治为视角，提高对相关史事在时间、空间上的把握能力，培养史料实证、时空观念素养。

（二）通过对德国分裂、古巴导弹危机、朝鲜战争、越南战争等冷战时期的典型事件的学习，认识冷战的基本特征，培养历史解释和时空观念素养。

（三）通过对美苏冷战的评价，客观全面地认识其对国际关系格局的影响，形成正确的世界观、人生观和价值观，培养家国情怀素养。

二、整合教材资源，凸显素养立意

近几年的高考命题立足于学科必备知识的同时，越来越注重综合性、应用型和创新性，且命题并不局限于教科书。而新教材提供的内容较多且覆盖面广，知识点比较密集。以《20世纪下半叶世界的新变化》为例，教材共分3目，分别是"冷战与两极格局""冷战的发展与多极力量的成长""两极格局的瓦解"，主要讲述了持续近半个世纪的冷战，是战后国际关系的重要现象。在冷战形成的两极格局中，孕育着世界多极化的发展趋势，多达7页，内容含量远远超过一课时的容量。这就需要教师树立正确的教材观念，创造性地使用教材，在现有教材的基础上重新进行内容整合，以有利于主题教学。

有学者研究表明，人们对历史事物的分析考察，往往只运用社会空间的视角而忽视了自然空间对历史和文化的影响。[①]在冷战时代，美苏两国的全球战略显示出以地缘政治理论为指导的迹象，地缘政治一直是战后国际关系的一个重要影响因素。因此，笔者以冷战的地缘政治为主线展开教学，对教材的内容进行了一定的整合。

首先，导入部分嵌入地缘政治学概念及相关图片，通过地缘政治理论为主线串起整个课堂，让学生了解概念，理解课堂内容。其次，根据主线需要，适度增删整合教材。比如增加"黑海事件"相关内容，通过地图及材料，让学生知道苏联突破既定的势力范围是加深美苏冲突的重要原因，即地缘政治是影响美苏关系的重要因素。比如对两极格局的瓦解作了简化处理。

三、丰富教学方式，强化时空观念

历史学是研究人类历史进程的学科，是在一定的历史观指导下对人类历史的叙述和阐释。历史具有过去式、不可逆的特点，和学生生活经验和环境与历史存在较远的距离。因此，要帮助学生形成正确的历史表象，就要给学生提供丰富形象的材料，以强化时空观念素养。

---

① 姚晓岚、魏恤民：《历史教学中时空观念的培养路径》，载《教学月刊·中学版》，2019(25)，第33-37页。

（一）通过编制时间轴、时间示意图等，培养学生的时间观念

教师在授课过程中编制时间轴、时间示意图等直观素材，能让学生很好地理解历史进程，了解历史发展的基本脉络。由于历史有着自身演进和发展规律，若要获得对历史的深层认识，就不能仅仅呈现历史的表面时序，而应该运用历史发展的眼光挖掘其内在逻辑。所以，培养学生的时序意识，更为重要的是建构历史事物的逻辑关联，帮助学生理解历史的嬗变与延续，把握历史发展的趋势和规律，实现从时序意识到时序思维的跨越。[①]

基于此，笔者在设计"马歇尔计划"环节时按照时序编制了事件发生的时间示意图，并通过设置问题：为什么苏联要"禁止"东欧国家参加马歇尔计划？（可从地缘政治的角度考虑），将各时间素材建构了逻辑关系。这就让学生的思维置于特定的、具体的时间和空间条件下，从而加深对史事的理解。

（二）通过展示历史地图（图片）等，培养学生的空间观念

历史地图包含丰富的历史信息，能向我们展现人们过去活动的时空情况及其特征，是历史课堂中培养学生空间观念素养的绝佳材料。[②]因此，笔者在设计本课时尤为注重对历史图片的使用。比如笔者在呈现冷战时期的典型事件时，就是利用历史图片的作用，较为直观，既可以培养学生的空间观念，又可以激发学生的兴趣。

（三）巧妙设计问题，体现学业水平质量标准的层次要求

前文有述，2017版《普通高中历史课程标准》对时空观念素

---

① 姚晓岚、魏恤民：《历史教学中时空观念的培养路径》，载《教学月刊·中学版》，2019(25)，第33—37页。

② 吴新枚：《高中历史教学中时空观念的培养路径》，载《西部素质教育》，2019(25)：第62—63页。

养的学业质量标准也有四个水平的阐述，因此在问题设置要有一定的层次性，层次越高，思维含量越高。比如，笔者在设置"冷战时期两极格局与多极化趋势之间的关系"这一问题时，体现时空观念素养水平4的要求。

总之，历史学科是建构在时间基础上的学科，时序观念是进行历史的思维活动和发展历史意识的基础，只有将史事置于特定的时空框架当中，才可能对史事有准确的理解。

基于时空观念素养的单元主题教学设计研究
——以统编版第五单元《晚清时期的内忧外患与救亡图存》为例

统编版高中历史教材于今年在广东省推行，统编版高中历史教材具有内容含量大，时间跨度长，知识体系多等特点。如何更好地对统编版历史教材进行教学设计，成为当务之急。统编版高中历史教材众多特点中最为突出的是具有较强的时序性，因此基于时空观念素养进行教学设计是必要、必然的。笔者结合《中外历史纲要（上）》第五单元《晚清时期的内忧外患与救亡图存》，从单元主题教学设计出发，分析研究如何利用时空观念素养进行教学设计。

一、时间与空间的历史——教材内容分析的视角与方法

本专题讲述晚清时期列强对中国的侵略，包括两次鸦片战争、列强在中国边疆造成的危机以及中法战争、甲午中日战争和八国联军侵华战争等，列强的侵略对中国造成了一系列严重的社会影响。它强加给中国一个不平等的条约体系，使中国的独立主权受到了危害，中国社会沦为半殖民地半封建社会。面对外来侵略，中国人民不是束手就擒，而是进行了反抗。这种反抗既包括清政府组织的反抗，也包括民间的反抗。其次，鸦片战争后，随着中国在半殖民地半封建社会的深渊里越陷越深，社会各阶级为了挽救危局作出了各自的努力。这些努力包括林则徐、魏源对鸦片战争的反思，包括地主阶级改革派即洋务派推行的洋务运动，也包括农民

阶级发动的太平天国运动和义和团运动，以及资产阶级维新派发动的戊戌变法运动。所有这些挽救危局的努力，由于历史的局限性，都未能成功。

通过以上可以看出本单元的教材内容基本是按照时间顺序进行编排的，同时，也有较强的空间性，比如列强侵略的变化、边疆危机。所以在进行教学内容分析时，必须以时空观念为基础，充分研究其内在逻辑结构和规律，探究该时段内历史事物发展的一般规律。

本单元共三课十一个课内子目所蕴含的历史事件、人物较多且都较为重要，重点反映了从 1840 到 1901 年期间的中国历史。在世界潮流的冲击下，中国的政治、经济、社会等方面都经历了前所未有的巨变，就如李鸿章所说，这是"数千年来未有之变局"。从本单元开始，中国历史进入近代史时期，具体讲述的是中国近代史早期，即从鸦片战争到八国联军侵华这一段历史。从编写顺序上，本单元时序性较强。从鸦片战争到太平天国运动、甲午中日战争、戊戌变法、义和团运动、八国联军侵华，基本是按照时序顺序编写的，时空观念核心素养得到了较好的落实，因此在教学过程中一定要遵循。从逻辑结构上看，基于时序性较强的特点，本单元的教材编写和授课过程都应遵循历史事物发展的基本规律与特点。本单元主要涉及近代中国社会性质的变化，近代中国社会主要矛盾的转变，中国社会各阶级在前者的背景下，为挽救国家危局所作的努力及存在的局限性。

从中国近现代历史发展脉络来看，本单元是衔接中国古代史与近代史之间的一个重要的关键点，是中国社会由传统封建社会向近现代社会转型的重要时期，影响较为深远。从课程教学上，本单元是《中外历史纲要（上）》的第五单元，上承第四单元"明清中国版图的奠定与面临的挑战"，下接第六单元"辛亥革命与中华民国的建立"；上承中国古代史，下接中国近代史，在高中历史教学的中国史部分中起到了承上启下的作用。

可见，在时间视域下对教材内容分析能够使教材内容更加具有逻辑与层次，使教学设计更加科学，也为单元主题的确定明确方向。

二、长时段与大视野——单元教学主题确定的标准与方向

根据单元标题"晚清时期的内忧外患与救亡图存"可知，单元主要突出了"内忧外患"与"救亡图存"两个关键词。"内忧外患"表现了单元的重点内容，即中国近代社会的两个主要矛盾——帝国主义与中华民族的矛盾与封建专制主义与人民大众的矛盾，虽然这两个矛盾相互交织、相互关联，但是最主要的矛盾还是帝国主义与中华民族的矛盾，而"救亡图存"则是中国社会各阶级的仁人志士根据中华民族最主要的矛盾而发起的。单元标题的分析能够对教学设计、具体教学实践起到指导作用。

在充分研究分析本单元的教材内容、特点、编写逻辑及重要性的基础之上，结合单元标题，在充分尊重教材主旨，充分尊重历史客观发展的基础上，从长时段考察历史发展的阶段特征，从大视野总结人类历史发展的一般规律，进而确定教学主题。这样的教学主题的确定能够更好地整合单元内各课程的教学，使教学主线更为突出。

单元教学主题的确定不是随意的，是要根据教材和教学规律

进行科学的确定。时间和空间是最为客观的标准与量尺，时空观念是单元教学主题确定的科学界限与客观标准。如果一个单元的教学主题超越或者违背了正常的时间和空间，那么该单元的教学主题就无法立足。从长时段和大视野出发能够对单元教学主题进行基本、客观的分析与确定。

本单元的基本线索是，鸦片战争后，中国逐步沦为半殖民地半封建社会，边疆危机不断出现，中国面临数千年未见的变局，太平天国起义、洋务运动都未能挽救国家落后挨打的局面；甲午战后民族危机加剧，维新派掀起救亡图存的戊戌维新运动，义和团运动继起，列强发起八国联军侵华战争，中国被迫签订《辛丑条约》，中国民族危机全面加深。基于以上，本单元教学主题确定为"晚清中国现代转型的困境与探索"。本教学主题首先确定了基本的时空范围——晚清中国，其次厘清了性质——现代转型。这里需要说明的是，现代转型与现代化仍有一定的区别，现代化侧重于结果和影响。而现代转型侧重的是"转型"，强调的是过程，转型更贴合本单元的教学内容和主旨，同时也具有一定的宏观视野，符合人类历史发展的一般规律。最后，突出了重要事件与历史人物——困境与探索。困境与探索，交代了近代中国所面临的复杂形势，展现了近代中国人所做的努力和尝试。

因此，在结合教材和教辅书的重要观点和结论后，本单元教学主题确定为"晚清中国现代转型的困境与探索"。

三、时空观念的培育与考查——学情分析与单元教学目标

时空观念是历史学科核心素养之一，是考查学生能力的一个

重要指标。教学设计如何较好地落实学科素养，首先需要分析学情，进而有针对性地确定教学目标，开展有效的教学设计。相对于初中历史教材，高中历史教材是以更短的篇幅展现中国近代遭遇的侵略、反抗与探索，学习内容高度概括。"晚清时期的内忧外患与救亡图存"单元内容在统编初中历史教科书八年级上册（该册教材主要讲述鸦片战争至解放战争的历史）中有所体现，却用了两个单元、七个课时的篇幅来呈现，初中教材对于历史事件的描述较为详细，广度有余但深度不足。因此，学生在初中阶段的学习中，对历史事件已经有了大体的认识，但是学习的内容并不深刻。

高中学生的认知发展水平有所进步，初步具备独立思考和分析问题的能力，但思维深度不够，对问题认识并不全面。基于以上，在教学中需要注意的是如何在有限的课堂时间内展现诸多内容的同时保证学习内容的深度。那么对于"晚清时期的内忧外患与救亡图存"这一单元来说，更需要关注的是去引导学生"了解中国社会各阶级的仁人志士为挽救中国所做出的努力，但同时也要认识到这些努力存在的局限性"，这需要运用唯物史观去思考。同时，也要注意对相关概念和理论的讲解，以便学生更清楚地接受知识。

关于教学目标，2017 版课标对"晚清时期的内忧外患与救亡图存"单元的内容要求如下："认识列强侵华对中国社会的影响，概述晚清时期中国人民反抗外来侵略的斗争事迹，理解其性质和意义；认识社会各阶级为挽救危局所做的努力及存在的局限性。"

根据 2017 版《高中历史课程标准》以及对单元内容的分析，将单元教学目标确立为：

认识《南京条约》《北京条约》《马关条约》《辛丑条约》等一系列条约的不平等性质，了解中国社会性质的变化。

通过太平天国运动、洋务运动、戊戌维新运动、义和团运动等历史事件，认识中国社会各阶级为挽救国家危局而进行斗争的意义；通过了解甲午中日战争、八国联军侵华战争给中国社会发展带来沉重打击和中国半殖民地半封建社会最终形成，认识列强侵略的本质。

以上既体现了历史学科较强的时空性，又充分考虑了学生的认知规律，使教学设计更加有效。

四、结语与反思

通过上一单元的学习，学生已经了解明清之际中国社会逐渐脱离了世界潮流。本单元则是让学生进一步了解世界形势的发展以及中国因为落后招致挨打的局面。

结合教学实际和本次单元教学设计反思如下：

关于教材。首先要尊重教材的核心主旨、关键结论。教学设计所使用的观点、材料不能与教材相违背。其次，在材料的选取上，尽量要利用教材或者教辅中的材料。最后，关于教材内容的取舍和重组问题，结合学情，特别是初中教学实际情况，可以对教材内容进行适当的取舍。因为高中历史教学是讲究深度的，应该适当地拓展与延伸。要结合教学主旨对教材进行重构。

关于单元教学主旨/主题的选择。统编高中历史教材具有较强的时序性，时序性的书写方式能够体现历史事物发展的一般规律与特点。所以有必要进行单元教学设计，在进行单元教学设计时，要注意单元教学主旨或主题的选择，单元主题的选择要符合历史阶段发展特征和历史发展逻辑。要注意学情。如果概念、理论太深奥，高中阶段学生无法理解的是不建议确定为单元教学主题的。单元教学主题涉及理论概念的，要事先向学生解释和说明。

　　关于单元教学设计。单元教学设计要有整体性，主题性，层次性。要从整体上对单元内容进行分析、取舍、整合。要在教学主题的统领下，细化各课时的主题，使单元主题更加完整与严谨。由于统编教材时序性的特点，单元教学设计要注意有层次，凸显历史发展的进程与一般规律。

巧用电子白板技术，落实历史时空观念

历史事件都是在一定的时间和空间里发生的。恩格斯说"一切存在的基本形式是时间和空间"，所以学习历史必须要有一定的时间、空间意识，历史教学也必须注重学生时空意识的培养。2017年新修订的历史课程标准中提出了学科核心素养的五大要素，其中之一就是历史的时空观念。时空观念不仅可以帮助学生正确感知历史，认识历史真相，还可以帮助学生掌握历史规律，形成系统、全面的历史认识。但据笔者了解，在平时的历史教学中，历史时空观念并没有得到真正有效落实。其原因一方面是由于高中历史教材的局限性使然：现行高中历史教材一改初中通史式的教学模式，不再以时间顺序讲述历史，而是采用专题式的编排方式，将历史知识重新整理，划分为政治、经济和文化三大板块，以此凸显历史发展的规律特征，强化学生对历史本质的把握和理解。但是，这种专题式的编排方式使得历史教材涵盖的内容跨度增大，时间上存在跳跃性，这就在一定程度上弱化了历史知识本身的连贯性和顺序性，导致部分学生时空观混乱，"张冠李戴"；另一方面，历史知识本身的过去性的特点，使得老师在课堂上凭借单纯的知识讲解无法有效还原历史场景，从而无法有效落实时空素养。笔者在教学实践中，通过巧用电子白板技术，借助信息技术，提高了时空观念的培养和落实的有效性。

一、巧用视频，回归历史时空，体验历史中的人与事

时空观念是指在特定的时间联系和空间联系中对事物进行观

察、分析的意识和思维方式，能够将某一史事定位在特定的时间和空间框架下。而历史知识所反映的内容具有过去性，难以直接接触。人的认识却又往往始于直觉，即通过感受器官直接感觉，方能进入到思维的阶段。因此，只有文字记述和器物印证的历史总显得不足，文字思维的特性，必然造成想象的多义性；器物见证方式虽然直观具体、触手可及，但又缺少历史主体——人之活动的鲜活再现。现代心理学研究表明：对一个生理健康的人来说，在所有感官中，视觉感官的感受能力最强，人们的学习有83%左右是通过视觉进入大脑的。因此，以视频为媒介传达信息最为有效。在历史教学中，借助电子白板技术，巧用视频，有助于学生深入历史，回到历史的时间和空间，在特定的时空中理解历史上的人和事。如笔者在讲授岳麓版（必修一）《辛亥革命》一课时，在导入环节借助电子白板技术，展现视频——电影《孙中山》片段，通过影片资料向学生展现了孙中山坐船从欧洲回到中国，受到成千上万人热烈欢迎的场面。视频中人们争先恐后地簇拥着孙中山，人群中不时有记者问孙中山问题。"孙先生，听说你这次回来募捐到很多款项，是真的吗？""我身上不名一文，这次带来的，唯有革命精神！""你认为革命的目的究竟是什么？""简而言之，就是推翻帝制，救治民族，将来主宰中国命运的是中国的民众，不再是洋人，也不再是皇亲国戚！"电子白板的直观性，将学生带入遥远的过去，回到特定的时空、特定的场景，影片中精美的问答词，让学生认识到的不再是单凭语言描述的单薄的人物形象，而是丰满的、真实的、立体的孙中山先生，同时也让学生体会到了19世纪末20世纪初,民族危机严重,为挽救民族危亡的时代感,于时代感中产生历史同情感，感受到国父孙中山的人格魅力。

二、巧用地图，感知历史时空，领悟历史中的人与事

历史地图是历史教材的重要组成部分，是历史课程的重要内容之一。历史教学中借助电子白板技术，巧用地图，可以帮助学生构建明晰的历史地理空间观，同时也能弥补教材知识的局限，拓宽学生视野，拓展学生思维，感知历史时空，理解领悟历史中的人物与事件。如笔者在讲授岳麓版（必修一）《辛亥革命》一课时，学生对辛亥革命的经过，难以形成明确的时空观念，我巧用教材"武昌起义和全国各省独立形势示意图"，借助电子白板技术，将该地图直观形象地呈现出来。

电子白板呈现的地图，不仅直观，清晰，而且立体感、带入感强，教学中，笔者指导学生观察这幅图，并精心设计以下问题：1. 从地图上找出宣布独立的省份；2. 分析独立省份分布的区域？以及呈现这一分布趋势的原因；3. 武昌起义后，短时间内革命形势就汹涌澎湃地波及如此多的区域，但这些胜利又不是通过大规模的武装起义所取得，这些现象出现的原因是什么？4. 袁世凯为什么最终得以做上大总统的宝座？通过层层设问，既为学生观察地图指明了方向，又创设了生动具体的教学情境，调动了学生的学习积极性。学生很快发现：从地域面积看，武昌起义后，宣布独立的区域占全国总面积的三分之二以上；从具体方位看，革命党的力量主要在南方，北方还有一部分区域在清政府控制之下。革命党的力量主要集中在南方，这与革命团体的建立和革命思想的传播有很大关系。结合这些发现，学生很容易就得出这样一些基本的历史认识：武昌起义后，各省纷纷宣布独立，清政府的统治已经很难再延续下去了。他们还会结合以前所学的知识，进一步分

析得出：革命形势发展迅猛，说明清政府已失去民心；而袁世凯之所以最终得以坐上大总统的宝座，与当时特定的历史条件有关。北方的封建势力和革命党中的旧官僚力量还比较强大，南方的革命阵营内，也有相当一部分立宪党人支持袁世凯，为后来袁世凯能够上台提供了条件。以地图创设教学情境，让学生感知具体的历史时空，通过层层设问，让学生从地图中获取丰富的信息，并对信息进行整理、解读，得出更深刻的认识。通过对地图的分析，学生不仅清晰地看到了武昌起义后革命发展的迅猛势头，而且发现了辛亥革命隐藏的危机，这就透过现象看到了本质，为后续学习打下了基础。

三、巧用图表，比较历史时空，探究历史中的人与事

历史是变化中的历史。马克思主义哲学认为，由于是在人类实践活动中观察时间与空间，所以时间与空间的互相转化成为可能。比如说，人类实践活动经过世代积累，不会因为个体的消亡而中断人类的进步。世代传递的不只是人类的工具，还包括人类的思想、知识、经验和价值等，这是人类所特有的进化方式。人类实践活动的成果在时间上凝固下来，转化为社会空间、文化空间。反过来，空间的历程也构成了时间。因此，历史的教学经常要求学生透过变化的时空，发现历史表象背后深层次不变的本质和变的规律。在历史教学中，借助电子白板的交互性、直观性等优点，并有效结合图表简明扼要、直观形象、重点突出、内涵丰富等特点，精心设计图表，并通过对图表的比较，感知变化的时空，探究历史发展的规律。笔者在讲述岳麓版教材（必修一）《中华人民共和

国的外交》时，就尝试以图像与表格彼此交融渗透的形式，激发学生灵感的火花和寻求问题解答的好奇心、迫切性和求知欲，在风云突变的历史时空中探索历史发展规律。通过对近代中国屈辱外交的感知，不少同学形成一个认知："弱国无外交"，并且认为"弱国无外交"似乎是一条颠扑不破的真理，而中华人民共和国初期外交却明显呈现出一个事实：中华人民共和国初期，国力依然弱小，却走出了这一怪圈，取得柳暗花明的辉煌成就。怎样让学生感知时空的变化以及历史表象下隐藏的真实规律？单纯的文字阐释似乎很难达到这一效果。为此，我精心设计图表进行对比：

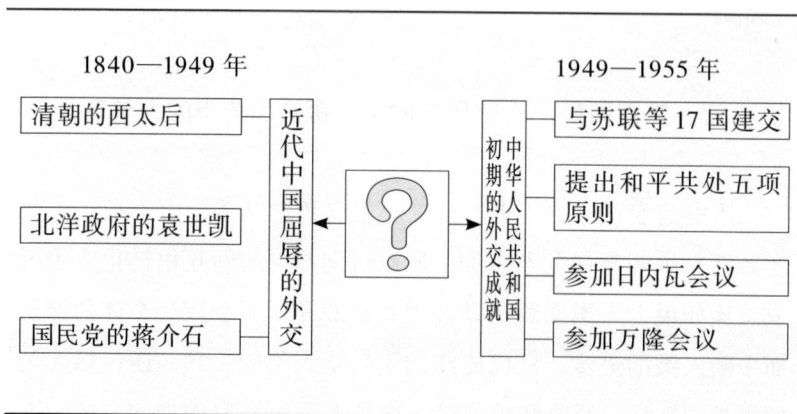

1840—1949 年　　　　　　　　　　1949—1955 年

| 清朝的西太后 | | 近代中国屈辱的外交 | | ? | | 中华人民共和国初期的外交成就 | | 与苏联等 17 国建交 |

清朝的西太后 ——

北洋政府的袁世凯 ——

国民党的蒋介石 ——

近代中国屈辱的外交 ←→ ？ ←→ 中华人民共和国初期的外交成就

—— 与苏联等 17 国建交

—— 提出和平共处五项原则

—— 参加日内瓦会议

—— 参加万隆会议

借助电子白板清晰具体的呈现，我指导学生对图表进行观察，并精心设计环环相扣的两个问题。

对比理解一：

"中华人民共和国初期的外交"的导言部分中有这样一段表述，在近代中国历史上，"外交"同"屈辱"总是联系在一起的。周恩来曾义愤填膺地说：中国的反动分子在外交上一贯是神经衰弱怕帝国主义的。清朝的西太后、北洋政府的袁世凯、国民党的蒋介石，哪一个不是跪在地上办外交的呢？中国一百年来的外交史是一部屈辱的外交史。

对比理解二：中华人民共和国初期的外交成就

中华人民共和国的成立，使中华民族获得独立自主，站起来的中国人才真正开始以平等的身份登上历史舞台，以超凡的智慧定大政方针（独立自主的和平外交政策和三个外交政策"另起炉灶""打扫干净屋子再请客""一边倒"）、打破孤立封锁（与苏联等 17 国建交）、创外交准则（和平共处五项原则）、入世界舞台（日内瓦会议）、展大国雄姿（万隆会议），终于迎来蓝天白云艳阳天。

通过对图表的比较，学生能比较清晰地认知到：中华人民共和国初期，中国国力不强，百废待兴，但外交依然取得辉煌的成就，打破了"弱国无外交"的一贯定律。其促进中华人民共和国外交实现重大转变的原因有：中华人民共和国的外交是站着的外交，政治上实现了中华民族的真正独立，维护了国家主权和领土完整；执政党中国共产党代表中华民族的利益，以祖国和人民的利益为重；外交上坚持独立自主的和平外交政策；国家领导人毛泽东、周恩来等政治家展现出杰出的外交智慧。可见，设计图文并重的图表，将抽象的、复杂的信息具体化、直观化，对发展学生的抽象思维能力有很大的辅助功效。

伴随着信息化时代的深入，对信息的获取、利用、加工和传播的能力成为现代公民不可或缺的基本素养，也是应对未来日新月异的社会发展局势的必备条件。正所谓发展以教育为本，要培养出符合现代信息社会要求的合格公民，就必须从教育出发。借助交互式电子白板，能更有效整合网络教学资源，帮助学生落实历史时空观念，进一步帮助学生从历史中吸取智慧，形成思考、探究、创新等必备的品质与关键能力。

参考文献：

[1]［德］恩格斯.反杜林论[M].吴亮平,译.北京:人民出版社,1930：48.

[2] 陈小军.巧借图表研究,化解教学难点[J].教学参考.2013.

[3] 文晓霞.交互式电子白板环境下的高中历史教学研究——以人教版（必修一）"辛亥革命"一课为例[D].武汉：华中师范大学2016.

[4] 夏辉辉.历史学科核心素养的内涵与教学落点——以"时空观念"为例[J].中国教师,2008.

[5] 王玉付.历史时空观：关键的学科素养[J].教学思考,2018.

例谈时空观念素养下的高三一轮备考复习

——以《经济体制改革》一课为例

新高考背景下，高三一轮复习备考如何夯实必备知识以及培养关键能力，最终实现素养的达成，一直是一线历史教师亟须探讨与解决的问题。笔者认为，以时空观念素养为框架，整合必备知识，并借助情境问题，落实关键能力培养，不失为一个比较理想的途径。笔者以岳麓版（必修二）第四单元第二十一课《经济体制改革》一课为例，尝试对此进行探讨。

一、借助时间轴，梳理家庭联产承包责任制政策的形成过程，体会中国改革策略

历史时间既包括时间点，也包括时间段。高三一轮备考复习中，中长时段的历史时间段，既能帮助学生梳理知识的形成过程，形成相对完整的必备知识结构，又能培养学生概括理解历史知识的关键能力。在《经济体制改革》一课中，笔者借助时间轴，梳理家庭联产承包责任制的形成过程，让学生体会中国的改革策略。

```
1978              1992                      2001
————————————————————————————————————————————————▶
```

1978 年：11 月 24 日，安徽凤阳县小岗村 18 户农民签生死状，秘密进行包产到户。12 月，中共十一届三中全会明确规定不许分田单干，不许包产到户，农村政策只是局部调整。

1979 年：2 月，安徽省正式决定把肥西显山南公社作为包产到户

的试点。9月，《中共中央关于加快农业发展若干问题的决议》："不要包产到户，除某些副业生产的特殊需要和边远山区，交通不便的单家独户也不要包产到户。"

1980年：9月，《关于进一步加强完善农业生产责任制几个问题》（75号文件），指出各地可以因地制宜。承认了少数落后地区包产到户的合法性，但希望把包产到户控制在20%左右，包产到户的性质也没有明确规定。

1981年：包产到户已占50%。国务院做了一个原则性的指示："让群众自愿选择，领导上不要堵了。"

1982年：12月，《全国农村会议纪要》（1号文件）肯定了包产到户是社会主义性质，指出土地等生产资料公有制长期不变，结束了持续了两年之久的"姓资姓社"的争论。至此，包产到户几乎完全放开。

对于农村经济体制改革，为什么改？怎么改？这一内容学生其实已经具备相应的知识储备，因为在初中和高二的历史学习当中，他们已经接触到了这方面的知识，甚至在老师要求下，已经作为知识进行过强化记忆。但作为一项改革策略，其酝酿及推行的进程，基于多方考虑，教材审慎地采取了单维度的叙述，但如此却让学生无法完整客观地理解历史。本节课为让学生更为客观地理解中国的改革策略，笔者尝试借助时空概念，将历史事件放于历史时段中，借助时间轴和史料进行梳理。学生通过自己勾画时间轴，宏观上把握社会主义建设新时期中共经济体制改革的总体脉络，然后阅读思考老师提供的材料，该材料分别采取从1978年至1982年中共中央关于农村经济体制改革的相关政策，梳理概括后，学生可以得出较为清晰的认知，那就是，中国的这一伟大改革事先并没有宏伟蓝图，而是中国领导人率领中国人民摆脱思想的束缚，大胆创新、勇于探索、筚路蓝缕的艰辛过程。

二、整合时空，认识农村与城市经济体制改革的逻辑关联，理解中国改革的双轨转型

关于经济体制改革的进程，中学教材采取的叙事方式是先介绍农村经济体制改革，然后再介绍城市经济体制改革，将两者产生的原因都简单地归于计划经济体制的弊端，但如此简单的叙事恰恰忽视了中国经济体制改革进程的曲折性及城乡体制改革的关联性，从而使得学生无法深入细致地理解认识中国的经济体制改革，更无法理解社会主义市场经济体制改革目标确立的应然性和必然性。为此，笔者大胆对教材进行重新整合，整合时空，构建农村经济体制改革与城市经济体制改革的逻辑关联，理解中国经济体制改革的双轨转型，认识社会主义市场经济体制改革的必然性。

材料1：乐清农科员南士木回忆说："实行联产承包责任制后，农民种粮积极性大为高涨，但随着柳市（地名）手工业、商业的迅速发展，农业逐渐成了一种可有可无的副业。"

——朱幼棣、陈坚发《温州大爆发》

材料2："练摊"指本钱不多下海摆地摊的行为。20世纪80年代初，"练摊"和"个体户""倒爷"一样都是贬义词。随着下乡知青陆续返城，社会上出现了大批"待业青年"，他们在路边摆摊出售"大碗茶"，内心十分忐忑，只能偷偷摸摸干。一些农民把《人民

日报》文章剪下来贴到扁担上，作为"合法"的依据。挑着农副产品去赶集。在看重"单位"的年代，"练摊"实在是走投无路之举，和主流社会格格不入。一帮"闲散人员"组成的练摊族开始倒服装、倒电器。硬是发了，成为改革开放之后第一波"万元户"。20 世纪 90 年代以来，越来越多的人尝到了"练摊"的甜头，纷纷下海。一些城市也开始建立自由市场吸纳摊贩，发展马路经济。

——摘编自任仲平《亿万人民的共同事业》

要求学生思考家庭联产承包责任制对改革开放初期工商业发展的影响？

通过对材料的解读与思考，学生认识到改革是一个配套系统的工程，作为中国经济体制改革的两大领域：农村经济体制改革和城市经济体制改革，既不是简单的时间上的纵向存在，也不是简单的领域内的横向存在，而是一个逻辑整体，只有准确深入把握其逻辑联系，学生才能从整体上理解中国经济体制改革的双轨转型，从而理解社会主义市场经济体制在中国建立的必要性。

三、勾连历史与现实，架构中国与世界的联系，
理解中国改革的全球化意义

历史应当为现实服务，为现实服务是历史的价值所在。同样，历史对现实也具有重要的意义。习近平主席在 2019 年 3 月出访意大利时曾说："鉴古可以知今，才能开创未来。"

中国的经济体制改革既是中国自身发展的需要，同时推动了世界经济的全球化，为世界经济的发展做出了卓越的贡献。为此，

笔者让学生简要概括改革开放 40 年来，中国采取了哪些重大决策全面融入经济全球化潮流的？学生通过梳理所学知识，得出答案。改革开放 40 年来，中国先后于 1978 年十一届三中全会正式做出改革开放的决策，1992 年中共十四大正式提出中国经济体制改革的目标是建立社会主义市场经济体制，2001 年中国成功加入世界贸易组织。中国踩着历史节奏，促进自身发展的同时，也推动了经济全球化，为世界经济发展做出了卓越的贡献。

时空观念素养下的教材整合路径探索
——以《诸侯纷争与变法运动》一课为例

部编教材《中外史纲要》今年秋季在新入学的高一年级开始全面试用，令一线教师普遍感到棘手的一个现实问题便是教材内容繁多，课时相应不够，无法按时完成教学任务。而一线教师在平时的教学实践中如何有效解决这一现实问题？笔者在教学中尝试借助时空观念梳理主题特征，对教材进行有效整合。接下来，以《中外史纲要》（上）第一单元第 2 课《诸侯纷争与变法运动》一课为例，进行探讨。

《诸侯纷争与变法运动》一课共有四个子目的内容：列国纷争与华夏认同、经济发展与变法运动、孔子和老子、百家争鸣。就教材的编写来看，这四个子目不仅在编排上以简单并立的形式存在，而且知识点分散、繁多。如果在授课过程中教师只是简单地照搬教材，不仅教学任务重，无法如期完成教学任务，而且教学效果会大打折扣。为此，笔者紧扣春秋战国这一具体时空，凝练教学立意，以"战争"为主线，整合教材，进行教学。

"春秋战国"既是一个历史阶段，又是一个具体的历史时空，学生对这一历史时空究竟是一个怎样的整体感知呢？为此，笔者精心设计问卷调查：你对春秋战国的印象？根据学生的回答，抽样结果如下：

序号	关键词	人数	占比
1	社会转型	24	44.4%
2	分裂	14	25.9%

序号	关键词	人数	占比
3	战争	10	18.5%
4	其他	6	11.1%

从上述抽样结果不难发现，有接近一半的学生对春秋战国的整体认知是"社会转型"，其次的认知是"分裂"，再次是"战争"，而这三者当中，最能有效串起两个子目知识的是"战争"。"战争"既是春秋战国时期的阶段特征之一，又是能揭示这一阶段发展的内在因素。为此，这节课笔者以《春秋战国时期的战争》为副标题，分别从以下三个方面进行讲解。

一、春秋战国时期战争样态分析

采用"比较"的方法是了解历史事件比较理想的途径之一。为了让学生了解春秋战国时期战争样态，笔者通过精选关于西周战争样态的材料，在了解西周战争样态的基础上，将之与春秋战国时期战争样态进行对比，以期得出较为清晰的认知。

（一）西周时期的战争样态分析：

教师出示以下材料：

材料 1：

西周初年（约公元前 11 世纪）	周公东征
西周初年（约公元前 11 世纪）	周公灭武庚之战
西周初年（约公元前 11 世纪）	周公平管蔡之战
西周初年（约公元前 11 世纪）	周公攻东国之战

周成王时期（约公元前 11 世纪）	周成王攻录国之战
周康王二十五年（约公元前 11 世纪）	周康王攻鬼方之战
周昭王十六年（约公元前 10 世纪）	周昭王攻荆楚之战
周穆王十二年（约公元前 10 世纪）	周穆王攻犬戎之战
周穆王十七年（约公元前 10 世纪）	周穆王攻徐之战
周穆王三十七年（约公元前 10 世纪）	周穆王攻群舒之战

材料 2：

周厉王十七年 （共和元年，公元前 841 年）	周国人暴动
周共和二年（公元前 840 年）	周抗允荆蛮之战
周宣王五年至三十九年 （公元前 823—前 789 年）	周宣王对周边各族之战
周宣王五年（公元前 823 年）	周宣王攻荆楚之战
周宣王六年（公元前 822 年）	周宣王攻戎之战
周宣王二十二年至三十八年 （公元前 805 年）	晋穆侯攻戎之战
周宣王三十一年（公元前 797 年）	周宣王攻太原戎之战
周宣王三十二年（公元前 796 年）	周攻鲁之战
周宣王三十六年（公元前 792 年）	周宣王攻条戎之战
周宣王三十二年（公元前 796 年）	周攻鲁之战

设问：依据材料概括西周时期的战争呈现出的特征？

教师根据学生回答并总结：出西周（前1046—前771年）的战争特征：

1. 战争总次数较少，频率较低；

2. 发起或应对战争的主要是周天子；

3. 战争主要发生在周势力与"方""夷""戎"等异族，"内战较少"。

（二）春秋战国时期的战争样态分析

那么，从西周到春秋再到战国，战争样态发生了怎样的变化？为了了解这一问题，教师出示以下材料。

材料一：（东周）周王室由于贫弱而不得不放弃天子的尊严，向诸侯伸手去"求赙""求金""求车"。

——翦伯赞主编《中国史纲要》

材料二：（齐国都城，战国时期）临淄甚富而实，其民无不吹竽鼓瑟，击筑弹琴，斗鸡走犬，六博蹋鞠者。临淄之途，车毂击，人肩摩，连衽成帷，举袂成幕，挥汗成雨，家殷人足，志高气扬。

——《史记·苏秦列传》

请分析材料一、二反映了什么问题？

材料三：楚子伐陆浑之戎，遂至于雒，观兵于周疆。定王使王孙满劳楚子。楚子问鼎之大小轻重焉。对曰："在德不在鼎。"庄王曰："子无阻九鼎！楚国折钩之喙，足以为九鼎。"

设问：结合材料三分析，材料一、二反映的问题可能带来的结果？

根据学生回答，教师总结得出结论：西周到春秋战国，战争样态的变化，可能受到国家间（周王与诸侯之间、诸侯与诸侯之间）力量对比变化的影响。

二、春秋战国时期国家间（周王与诸侯之间、诸侯与诸侯之间）力量对比变化的原因分析

（一）常规原因分析

材料一：公元前771年，申侯联合缯侯及犬戎，攻下了西周的首都镐京，仍立原太子宜臼为王，这就是周平王。平王东迁以后，周王朝在宗周镐京地区的土地大片丧失，这是王室所拥有的领土仅有六百多平方里。与地方数千里的诸侯大国相比，周王的力量只能相当于一个很小的诸侯了。

——赵毅、赵轶峰著《中国古代史》

结论：国土面积（以及人口状况等）大小会对国家力量强弱造成重大影响

材料二：中原地区地形图及部分诸侯国的分布

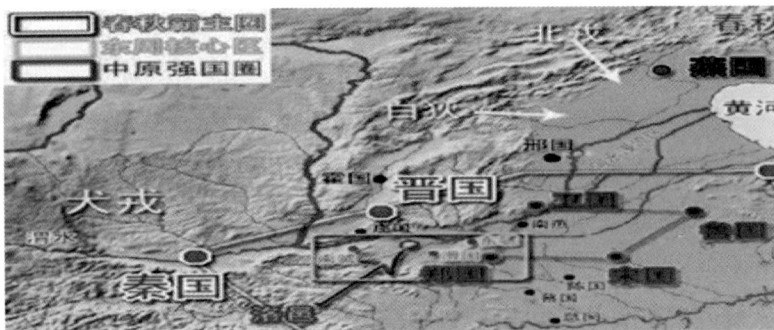

——摘自《中国史纲要》上册

请分析：地理环境、区位差异对各国的经济发展、国防安全可能产生那些影响？

材料三：秦墓出土的铁器中，装饰品的铁器化程度最高，次为生产工具，而兵器的铁器化程度最低。当战国晚期关东诸国普遍将铁器用于军事领域时，秦人却将铁器用于生活和生产领域……

——邱楠《关中地区秦墓出土铁器初步研究》

——摘自《中国史纲要》上册

材料四：战国时期主要水利工程分布图

结论：春秋战国时期，各国的生产工具和生产技术存在差异。

根据学生回答，教师总结，得出结论：春秋战国时期，各国的生产工具和生产技术存在差异。

材料五：西周时期集体耕作方式的迅速瓦解也是当时的政治形势决定的：周室衰微、诸侯争霸，统治者单纯依靠井田制度和劳逸地租的有限收入已经不能应付他们日益庞大的军费开支，在这种客观条件下，他们改变剥削方式，将大块土地分割成小块，实行按亩收税。

——赵剑锋《历史课标解析与史料研习丛书·中国古代史》

由材料不难看出变法与战争存在的辩证关系如下：

频繁的战争为变法的开展提供了动力；变法的开展有助于战争能力的增强。由此，顺利将教学延伸至变法运动。

（二）春秋战国的变法运动

教师将春秋战国时期比较重要的变法运动汇总如下：

诸侯国	统治者	变法
齐国	齐威王	邹忌改革
楚国	楚悼王	吴起变法
燕国	燕昭王	乐毅改革
韩国	韩昭侯	申不害变法
赵国	赵武灵王	胡服骑射
魏国	魏文侯	李悝变法
秦国	秦孝公	商鞅变法

由上述材料，学生不难得出结论：变法以适应时代的要求是当时的普遍选择。

引申思考：请结合表格分析，改革（变法）要想取得成功，从支持者与反对者群体的角度，改革设计应遵循怎样的原则。

补充材料：

于是太子犯法。……刑其傅公子虔，黥其师公孙贾。

秦民初言令不便者有来言令便者，卫鞅曰"此皆乱化之民也"，尽迁之于边城。其后民莫敢议令。

商君相秦十年，宗室贵戚多怨望者。

惠王车裂商君以徇，曰："莫如商鞅反者！"遂灭商君之家。

——摘编自《史记·商君列传》

引申思考：请结合补充材料与商鞅的悲剧性结局分析，改革应注意哪些问题。

三、春秋战国时期战争的影响

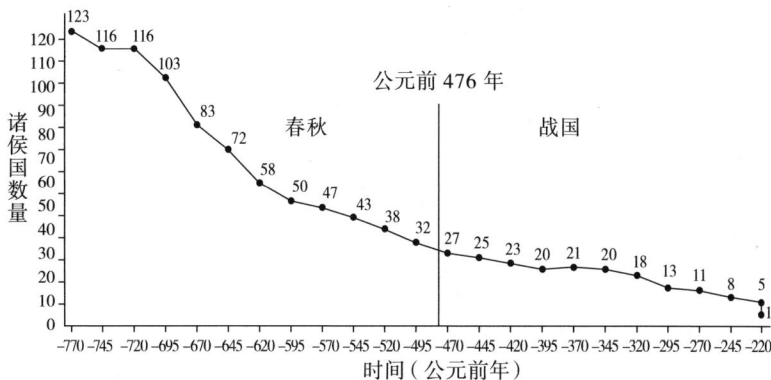

春秋战国时期诸侯国数量变化图

（一）战争与统一

春秋战国时期战争产生了哪些影响？教师出示一则图片。

学生通过认真观察图片，分析总结，得出结论：战争是走向统一的重要手段，在古代社会尤其如此。

（二）战争与制度变革

根据前面的学习，我们不难发现，战争的需要刺激了各国的变法，那么，战争会引起社会变革吗？为了解决这一问题，教师精心挑选以下材料。

材料一：秦孝公用商鞅变法，对家庭制度严厉推行分户析居的改革政策，规定"民有二男以上不分异者倍其赋"，把家庭单位强令分析到最细小程度，这是对宗法制度的彻底否定。

——摘编自张金光《商鞅变法后秦的家庭制度》

材料二：虎符作伏虎状，上面镌有铭文，从中一分两半，底有合榫，右半放在国君处，左半发给带兵的将领。如果想调动军队，必须拿存在国君处的右半虎符与将军手中的左半虎符相合，否则就不能调动军队。

——赵毅、赵轶峰著《中国古代史》

学生从上述材料可以得知：战争客观上促进了春秋战国社会制度的全方位变革，而这些变革隐约指向了同一个方向——社会在整体上进一步摆脱血缘对其发展形态的束缚。

（三）战争与人才、思想

春秋战国时期的战争与人才、思想之间又有着怎样的逻辑关系呢？

东周时期的混乱和改革深深地影响了中国的思想家，迫使他们重新评估自己民族的传统思想，或将其抛弃，或使之适应过渡时期的需要。

—— 斯塔夫里阿诺斯《全球通史》

斯塔夫里阿诺斯这段话道出了战争与人才的关系：战争催生

了思想，而战争也为具备相应素质人才的出现提供了较为广阔的市场。春秋战国时期广为人知的诸子百家学生并不陌生，为了给学生一个全新的视角，教师设计以下问题：

1. 诸子的思想应时代需求而生，请根据教材11—12页结合所学知识分门别类重建诸子思想谱系。

2. 请分析：战国时期各国变法，为何君主特别青睐法家（有研究认为，李悝、申不害、商鞅、李斯、韩非同属于法家思想家）。法家思想盛行会对后世国家政治运行模式造成哪些影响？

教师总结：春秋战国的民众饱受金革之难；春秋战国的诸子意气风发；春秋战国的国君大权在握；春秋战国的贵族朝不保夕。这是历史的"真相"吗？是！但富甲一方的猗顿、若丧家之犬的孔夫子、社稷倾覆的诸国君主、翻身做了主人的齐国田氏，也是历史的"真相"。战争，只是我们窥视春秋战国的一条"孔道"。历史（客观历史）只有一个，但"真相"（对历史的解释）有很多种。史观、史料、视角、立场等都会影响"真相"的建构。

还原课堂温度，以培育历史解释素养

——以岳麓版《新航路的开辟》为例

"历史解释"作为历史学科的核心素养之一，以史料实证为前提，以历史理解为基础，对历史事物进行理性分析和客观评判①。可见，"历史解释素养"是一个始终贯穿历史学习过程的素养。然而，当下的中学历史课堂，不少教师仅仅借助历史教材，把人类历史长河浓缩在历史教科书里。但一方面教科书固然是按照教学大纲（课程标准）编写的教学用书，以历史唯物主义为指导，选择的史实和做出的结论也具有重要性和公认性，因此是课堂教学理所当然的核心教学材料；另一方面，教科书内容却又太过精要、简洁，无法呈现详细的说明论证过程，不少教师在课堂教学中简单依赖教科书，简单地陈述历史事实，罗列历史结论，让学生在没有温度的课堂中进行学习，很可能将历史知识碎片化、标签化或者绝对化。难以形成历史解释素养。如何让学生在有温度的课堂里，以教科书为起点，有理有据地解释历史，是值得探索的问题。

本文试图以岳麓版《新航路的开辟》一课为例，对历史解释素养的培养路径加以探讨。

一、回归"人"的视角，根据学生自身的认知特点理解历史

《新航路的开辟》一课，教材分别从经济、政治、宗教等方

---

① 中华人民共和国教育部:《普通高中历史课程标准》(2017 年版，2020 年修订)，北京：人民教育出版社，2020 年。

面概括了这一重大历史现象产生的背景，但高中学生因为缺乏相应的理论支撑，加之这段时期的历史，无论是时间还是空间，与学生都有一定的距离，让学生感到陌生而遥远，无法真正理解这段历史。如何拉近学生与这段历史的距离，让学生穿越时空，近距离与这群人物进行对话，深度理解这段历史，这既是本节课的教学任务之一，也是培养学生历史解释素养的基础。为此，笔者结合学生的认知特点，重新梳理教材叙事逻辑。巧设教学立意：从"人"的角度来探究《新航路的开辟》的背景。

历史课堂中如果忽视学生的认知基础，容易导致学生与课堂的剥离，从而失去课堂中的"人"，从而无缘遇上和理解历史中的"人"，这种课堂往往会少了思想，少了共鸣，正如张汉林老师所说的"没有人的历史教学，往浅里说，干瘪空洞，无法激起学生的学习兴趣；往深处说，失魂落魄，有悖于历史教学的真谛"[①]。参与远洋航行的究竟是一群什么人？是何种动机驱使他们去进行一场如此艰辛的远洋活动？假如我回归到这段历史，我会义无反顾地参加这次远洋航行吗？这些问题，都是学生们困惑而又很想解决的问题。为此，在讲述"新航路开辟的背景"时，笔者精心挑选史料，并设计表格，作为学习支架，近距离和这群远洋航海者进行对话。如：

关于航海家。

材料一：哥伦布认定地球是圆的，且海洋的面积远小于陆地的面积，因此往西航行能更快抵达印度。他借此先后游说英国、法国、

---

① 张汉林：《在历史教学中发现"人"》，载《教育学报》，2016(2)。

葡萄牙国王支持自己的西航计划，结果未得到支持。

由于他的西航计划流散到社会上，引发人们对哥伦布的嘲讽，连无知的儿童也被教唆取笑他。

——节选自 2019 年广东省模拟试题

材料二：1492 年，西班牙伊莎贝拉女王决定支持哥伦布，与其签订《圣塔菲协定》，主要内容如下：授予"唐"的贵族头衔，任命为发现和取得一切岛屿和大陆的海洋元帅，后代可以世袭；任命其为那些地区的副王和总督；获得领地内各种财富的十分之一，并一概免税；在新领地内有商务裁判权，并有权对开往新领地去的一切船只投资、控股、分红八分之一……哥伦布几乎得到了他想要的一切。

——节选自 2019 年广东省模拟试题

通过对以上两段材料的解读，学生在自己的认知基础上，比较容易了解到，在这次远洋航海中，航海家们主要付出的是知识和勇气，他们希望通过此次艰辛而冒险的远洋航行，获得财富、社会和个人价值的实现。

在这段教学环节中，学生接触到的不再是遥远而冰冷的历史，学生近距离看到的是一群鲜活的水手和航海家，在现实的物质利益和精神上的追求（含精神利益和价值观念），两者不可或缺的情况下，克服各种困难，去挑战并最终完成这一航海史上的壮举。在此基础上，学生进一步形成历史理解：一个成功的历史事件，其驱动力其实往往既包含崇高的理想，又包含现实的利益。而历史上的重大事件，仅有崇高理想，往往难以吸引最广大群体的参与；仅依靠现实利益，尤其是现实物质利益的驱动，则难以产生凝聚力，并容易迷失历史的方向；最理想的类型应该是有着坚定理念的精英创造条件满足大众的利益要求，从而凝聚大众的力量，推动历史的车轮。

二、跳出必然思维的窠臼，从历史发展的一系列偶然性中多视角解释历史

历史解释的学业质量水平要求学生能够分辨不同的历史解释，尝试从来源、性质、目的等多方面，说明导致这些不同解释的原因并加以分析，并能够选择、组织和运用相关材料、并使用相关历史术语，对系列史事做出解释。无独有偶，历史学家钱乘旦先生也认为："近代西方人观察历史的方法是站在现在说过去，知道了结果说过程。习惯一种思维方式，即认为历史上发生的一切都是必然的，每一个过程都不会有其他结果，现在是过去的必然结局，历史没有其他的可能性……可是这样去解释历史，历史就不需要解释了。"[①] 在讲述"新航路开辟"一课的经过一目时，笔者精心设计问题：新航路的成功开辟是否是一种必然？很多学生认为：在当时的欧洲，一切远洋航行的条件皆已具备，远洋航行的成功是一种历史的必然，教师在 PPT 上展示材料：

据记载，哥伦布是个有经验的水手，他了解很多的自然科学知识，也有很好的计算能力，但恰恰在计算地球体积时犯了一个严重错误：他把地球的直径少算了三分之一，所以认定向西航行要比向东航行更

---

① 钱乘旦:《西方那一块土》，北京大学出版社，2015 年。

容易到达东方，路途也更短。他把自己的计算公式拿给西班牙国王看，西班牙国王很高兴，决定支持哥伦布，让他向西航行，打通到东方去的新航线。

——节选自 2018 年广东省模拟试题

通过这则史料，让学生分析：如果没有哥伦布做出那个错误的计算，美洲可能没那么快被发现。可见，历史重大事件的发生、发展并不一定是历史的必然。历史的发展并不只是单线性的必然发展，因为"人"的参与，历史发展存在偶然性，也存在着多种发展可能。学生在历史课堂上，通过和先进历史人物的对话，感受先进历史人物的优秀品质，历史解释素养的培育"随风潜入夜，润物细无声"。

三、让历史照亮现实，点燃价值之灯

历史解释的学业质量水平（四）要求学生在独立研究历史问题时，能够在尽可能占有史料的基础上，尝试验证以往的说法或提出新的解释，能够在正确的历史观和方法论的指导下，全面客观地论证历史和现实问题。历史、现实、未来是相通的，历史既映照现实，又折射未来，研究历史，探索历史的规律，启示的是当下，昭示的是未来。

"新航路开辟"这一重大事件究竟带来了怎样的影响？给当下的我们与未来的世界以怎样的启示？这节课如何有效地涵养历史思维？围绕这些问题与目标，本课在"新航路开辟"的影响一课里，进行了精心设计。

笔者通过 PPT 展示以下图片，并告诉学生：

这是今天坐落在菲律宾的一对纪念碑，远处的是 1555 年西班牙人为纪念麦哲伦而树立的麦哲伦纪念碑；近处的人像是 1952 年菲律宾为纪念杀死麦哲伦的酋长拉普拉普树立的英雄纪念碑。

——节选自 2019 年广东省模拟试题

从这一幅图片里，学生感知到的是殖民者与殖民地之间深深的矛盾。笔者进一步设问：如何在自己获取利益的同时，有效避免给别人带来灾难？历史的镜头慢慢拉回现实，教师提示：这也是今天全世界人民一直在思考并努力寻求解决方法的一个问题，为此，中国政府于 2018 年提出了"建立人类命运共同体"的观念。请学生讨论：中国政府此举能否避免"欧洲模式"的重演？（请从"现实利益"与"价值观念"两个角度进行分析。）

学生讨论得非常激烈，有的同学很有信心，认为中国政府此举完全可以避免"欧洲模式"的重演，理由是几千年儒家传统文化的浸润，谦谦中国，不会以利益为先，加之中国经济的腾飞，使得中国完全有能力胜任这一工作，自豪与担当溢于言表。但也有同学则大胆地发表不同的看法：认为当今世界，国家利益至上，单靠中国政府的力量，未免有点单薄，中国政府要加强自身的经济建设与发展，加强与志同道合者的亲密合作，共同肩负起这一时代重任。讨论至此处，学生情绪激昂，一种从心底喷薄而出的对国家、民族、世界的担当与责任感，让人眼前一亮。

总之，要提升学生的历史解释素养，必须让课堂有温度，回归"人"本身，巧设教学立意，精选史料，深刻理解历史知识内涵。在对历史理性分析与客观评判的基础上，涵养观念，强化导向。

中学历史教学中历史解释素养的培养路径探索

——以《文艺复兴运动》一课为例

"历史解释"作为历史学科的核心素养之一，以史料实证为前提，以历史理解为基础，对历史事物进行理性分析和客观评判[①]。在历史学科核心素养的五个方面中，历史解释已经公认成为了其中的核心和关键。法国哲学家雷蒙·阿隆认为："死人留存下来的意义只能靠活人去阐释，去理解，于是死人也就又活过来了。"最终，"只有解释才能发现历史的意义，只有解释才能完成历史的重建，只有解释才能造就伟大的历史学家""建构历史解释乃是史学的核心任务"。而实际上，不仅每次解释历史都影响着人们对历史的认识，而且影响着对当下问题的解决和未来实践的走向。历史认知的终极追求就是建构一种历史解释[②]。每个人不仅有解释历史的权力，而且有这个责任。而中学历史教学中如何有效培养学生的历史解释素养？显然，迫切需要一线教育工作者深思与实践。笔者以岳麓版（必修三）《文艺复兴运动》一课为例，谈谈在教学实践中的具体探索。

一、巧设认知冲突，激发学生的历史解释动机

中学生因其认知水平的有限，对于历史解释并无主动的认知

---

① 中华人民共和国教育部：《普通高中历史课程标准》（2017 年版，2020 年修订），人民教育出版社，2020 年。

② 侯桂红：《落实历史解释素养的三个基本问题》，载《历史教学问题》，2019(6)。

与明显的动机，作为教师，其首要任务就是要激发学生的历史解释动机，而实践证明，在具体的教学过程中，教师通过巧设认知冲突，能有效调动学生求知积极性，激发学生的历史解释动机。所谓认知冲突，就是运用与学生基本认同的观点、已有常识或教材观点相悖的史料（包括结论性史料），使其观点与学生的基本共识、日常认识或教材观点相冲突。[1]如针对《文艺复兴运动》的背景，笔者精心选择两段材料。

材料一：中世纪基督教神学提倡禁欲主义，否定人生，否定现实，追求天堂的幸福，认为人生来是有罪的……人生是一个苦难的历程，人的罪孽就只有求助于教会，用忏悔、祈祷来求得上帝的恩泽，从罪恶中拯救出来，死后才能进入天堂。上帝主宰一切，人是毫无价值的，是上帝的奴仆，是上帝的羔羊，只能忠顺地听从神的摆布。

——节选自 2020 年广东省模拟试题

材料二：马克思说"理性永远存在，但它并不是永远存在于理性的形式中"。中世纪虽然是一个基督教信仰的时代，但却不能简单地说是一个反理性的时代。宗教与理性并不是相对立的，在中世纪理性是为信仰服务的，古典文化的遗产为中世纪基督教文化提供了重要的思想来源。因此，中世纪的意义在于希腊理性与基督教信仰在中世纪所构成的张力。张力不等同于矛盾，它同时也是丰富性，特别表现于自由、个体、理性与信仰等问题上。

——节选自 2020 年广东省模拟试题

---

[1] 武其芳：《基于深度教学的情境创设》，载《中学历史教学》，2019(3)。

很明显，关于文艺复兴运动的背景的解释，两段材料呈现出完全相冲突的观点。材料一认为，中世纪人的主导地位被淹没，神主导一切。宗教追求的是来世的幸福。人生活在一个没有尊严、不能随欲而行的时代。这严重阻碍了欧洲社会进一步发展，冲破神学阻碍已成必然。而材料二中马克思认为，中世纪不能简单地理解为反理性的时代，相反，其特别表现于自由、个体、理性与信仰等问题上。而从初中的历史学习到平时的阅读，学生所熟悉的认知与材料一接近，材料二呈现出了与学生认知完全不一样的解释。为什么会有如此不同的解释？在中世纪土壤上萌发的文艺复兴运动究竟是怎样的一个历史现象？无疑，认知冲突的设置，极大地激发了学生的历史解释欲望，强化了学生的历史解释动机。

二、关注历史细节，让历史解释更接近真实

历史的本质是求真。史学家大卫·鲁本认为："一个正确的解释绝不只是我们知识和信仰体系中的一部分，它还须建立在形而上学基础（亦即立足于它以往及现今的实际情况如何）上。"可见，理性的历史解释应该反映的是历史的真实。但是对于历史来说，多数情境已经不复存在，如何让学生尽可能去了解、感受、体会历史的真实情况，在平时的教学中关注历史细节是一个比较理想的做法。因为历史细节能在很大程度上"使已经逝去的历史重现出有血有肉、有声有色的原状，使学生感受到历史的真实"。

比如，在讲述《文艺复兴运动》的指导思想"人文主义"这一主题时，为了让学生对"人文主义"的解释更接近真实，笔者重

点关注了两个细节：

（一）关注细节，还原鲜活的情景

在讲述但丁的作品《神曲》时，笔者通过上述图片材料与文字材料，作者公开将当时社会的权威教皇卜尼法斯八世放在地狱第八层，并明确回答教皇的质疑。这一鲜活场景让学生能迅速感知：作者将矛头对准了当时的教会，并力图挑战教会的神学世界观。从而对文艺复兴运动的指导思想"人文主义"有了比较明确的认知。

（二）关注细节，从现实中寻找历史解释的灵感

在和学生一起欣赏意大利著名雕塑家米开朗琪罗的名作《大卫》时，笔者引导学生一起关注作品的细节：如人物眉头紧皱、目光坚毅，体现的是人的意志；人物手部青筋暴起，体现的是人的力量；人物所拿的武器精巧，体现的是人的智慧；整个雕塑人物躯体完美，体现的是人的美感。这一欣赏过程，通过对作品细节的关注，巧妙地将现实中的人带入历史场景和情怀之中，让现实中的人与历史中的人和事隔空对话，从而见微知著，让人以小见大，窥见一斑，曲径通幽。[①]

三、建构逻辑关系，让历史解释更加完整

"建构一种历史解释，就是要围绕一个具体的历史问题，按照各种事实之间的实际联系将它们组织成一个系统，形成对这个问题的解答"。因此，"绝大多数的史学研究实际上既不是关于历史事件的，也不是关于这些历史事件的当前影响即证据，而是关于

---

① 李峻：《关于历史细节运用于教学的思考》，载《中学历史教学》，2018年。

联结事件和证据的过程"。可见，对历史事件逻辑关系的把握，有利于帮助学生建构更为完整的历史解释。

（一）建构历史事件的横向联系，让历史解释走向完整

文艺复兴运动发端于意大利，但并不仅仅止步于意大利。16世纪，文艺复兴运动迅速波及北欧，其中最为突出的是英国的莎士比亚。但同样是凸显人文主义，与早期的意大利文学作品相比，莎士比亚文学作品中人文主义又有何发展呢？笔者出示以下材料：

材料一：设问，哈姆雷特与克劳狄斯，谁才是真正的人文主义者？

材料二：

这个民族的每一种激情的趋势都是强烈的，而用来满足这种激情的手段则常常是犯罪的……有强烈的情绪而无法控制……

——［瑞］雅各布·布克哈特 [①]

通过对材料的解读，学生了解到，人性不是简单的非恶即善，人也不是单维度的无限美好，人性是复杂的，人性有美的和善的两面。由此可知，莎士比亚笔下的文学作品是对"人文主义"的发展与丰富。横向的延伸与拓展，让历史解释更为完整。

（二）建构历史事件的纵向联系，让历史解释连接当下，指向未来

笔者在讲解《文艺复兴运动》时，除了常规的教材相关介绍之外，特意补充"时代的叩问"：中国需不需要一场文艺复兴？出

---

① ［瑞］雅各布·布克哈特：《意大利文艺复兴时期的文化》，何新译，商务印书馆，1979年，第437页。

示两则材料供学生讨论：

材料一：人不是社会机器上的螺丝钉；社会问题根源在于公民个体自由、平等的缺失；确立、发现并承认个体的价值与尊严是当务之急。

——刘宁军

材料二：人离开社会谈价值没有意义；道德沦丧根源在于近乎放纵的个体解放；一场"反文艺复兴运动"的道德重建与社会建设运动势在必行。

——秋风

两则材料提出了完全不同的观点。经过师生之间的热烈讨论，再结合课堂所学知识和对材料进行综合分析，在教师的协助下，学生基本可以得出以下认知：作为异国他乡的镜像，"文艺复兴"会让我们立足时代需求，审视自身的传统，在"寻根"与"现代化"的平衡中，不断建构"中国"与"中国人"的自我意识。作为个人觉醒的符号，"文艺复兴"时刻提醒我们"个人的独立"之珍贵，同时逼迫我们反思何为"自由的边界"。只有均衡"个性的我"与"道德的我"，这个处在复兴的国度，才可能强大[①]。如此，学生在历史解释过程中，吸取智慧，鉴往知来。

---

① 王子涵:《文艺复兴——生而为人的呼唤》。

第三章

时空观念下的命题研究

时空观念视域下的高考命题研究

——以2010—2015年广东卷为例

由教育部制定的 2017 年版《普通高中历史课程标准》，首次提出历史学科五大核心素养：唯物史观、时空观念、史料实证、历史解释、家国情怀。其中时空观念作为历史学习的观念与方法，不仅深受一线教师的重视，也一直深受高考命题者的青睐。而不容忽视的是，高考作为最具有影响力的学科教学评价方式，事实上起着教学"指挥棒"的作用，研究高考真题，借以反观教学，可以直接推动一线教学中时空概念素养的有效落实。本文尝试以 2010—2015 年广东卷为例，探讨时空观念视域下的高考命题研究。

一、时事匹配，考查时空观念素养水平 1、2

"时间作为一种历史研究的工具，还是作为史学的方法或是视角，是无处不在的，它在历史学中是弥漫性地、渗透性地存在着的，甚至整个人类的历史就是一部时间的历史"。[①] 时间是历史事件记述和传播的基本元素之一，更是后人了解历史、认识历史的重要依托。任何历史事物必有其存在的时间，对于一些重大的历史事件，我们应该清晰知道其发生的具体时间。2017 年版《普通高中历史课程标准》中将时空概念素养共划分为四个水平层级，其中水平一要求学生理解不同时间、空间的表达方式及意义，水平二则要求学生将某一史事定位在特定的时间和空间框架下，并利用历史年表、历史地图等方式对相关史事加以描述。

例1：（2011年广东文综卷第17题）

20 世纪 20 年代农会会员数的变化反映了农民运动的状况。导致表 1 所示变化出现的直接原因是：

农会会员数时间	广东	广西	湖南	湖北	江西	山东	直隶	河南
1926 年 6 月	647766	8144	38150	4120	1153	284	1342	270000
1927 年 6 月	700000	8144	4517140	2502600	382617	284	360	245500

A. 南昌起义　　　　　B. 井冈山革命根据地的开辟
C. 北伐战争　　　　　D.《湖南农民运动考察报告》的发表

该题以表格的形式，通过 20 世纪 20 年代农会会员数的变化，考查历史事件，将"国民大革命"这一中国近现代史上的重大事件定位在特定的时间和空间框架下，考查时事匹配，落实时空观念素养水平 1、2。

---

① 覃玉兰、陈志刚:《时间观念素养的内涵与培养》,载《历史教学》(上半月刊),2017 (11)。

二、时事探究，考查时空观念素养水平三

2017 年版课程标准在"课程目标"部分要求"能够对较长时段的史实加以概括说明"①，虽然维度二把历史时间和历史空间进行了一定的组合，但是还停留在个别的、具体的某些史事当中，没能将一些相关的、相近的史事相联系。把握历史时空观念，不能片面地选取某一段历史，而应从宏观的视角来考量，做到整体与部分的有机统一，才更有利于把握历史的整体态势，能够在不同的系统和方式之间实现转换，并探视到其背后的认知逻辑。

例 2：（2010 年广东文综卷第 38 题）

在历史发展的进程中，社会群体的兴衰与政治、经济和文化的变迁密切相关。结合所学知识，回答下列问题。

（1）市民群体在宋代有较大发展，主要原因是什么？结合史实，简述市民群体的发展对宋代文学艺术的影响。（6 分）

（2）近代中国留学生群体产生于洋务运动时期。早期的留学生主要前往欧美，20 世纪初兴起留日热潮。为何日本此时成为中国人留学的主要目的地？（8 分）

（3）近代中国工人群体产生于 19 世纪中期。五四运动时期中国工人阶级为何能作为独立的政治力量登上历史舞台？20 世纪 50 年代中国工人地位大幅提高的历史背景是什么？（9 分）

（4）中国"农民工"群体在 1978 年后迅速扩大，主要原因是什么？（5 分）

---

① 马应隆、谭杰：《历史时空观念四维度教学目标之探析》，载《经济师》，2019(6)。

例 3：（2011 年广东文综卷第 39 题）

在探讨"中国计划经济的形成和变革"问题时，某同学发现在 20 世纪 30 年代中国兴起了一股计划经济思潮，并摘录了以下材料。请根据材料，结合所学知识，在下列问题的指引下，进行深入探究。

材料：

许多人"对苏俄表示同情之美感，有的甚至替它大肆鼓吹，以为苏俄成功之秘诀，在于它的社会经济制度，因为这个制度是有计划的、有组织的"。

——据《东方杂志》（1933 年）

"在内外层层叠叠的高压状态底下的中国"，最急需的是"整个地实行社会主义的统制经济（计划经济）和集体生产"。

——据《申报月报》（1933 年）

左倾的也好，右倾的也好，大家都承认放任经济的末日到了。

——据《独立评论》（1934 年）

（1）从国际和国内两方面分析 20 世纪 30 年代计划经济思潮在中国兴起的原因。（6 分）

（2）分析 20 世纪 50 年代中国选择计划经济体制的原因，并简述这一体制对经济建设的影响。（10 分）

（3）20 世纪 70 年代以来，世界范围内兴起了经济调整之风。概括指出 20 世纪 70 年代西方发达国家经济政策进行了怎样的调整；简述改革开放以来中国经济体制改革不断深化的表现。（8 分）

上述两道高考真题都是将历史事件置于特定的历史时空，并采用比较的方法，将相关的相近的史实进行联系，对较长的史实加以概括说明。如例2（2010年广东文综卷第38题），对于市民群体，命题者通过精心设计材料从中国古代到近代、现代，长时段大跨度进行梳理，要求考生既能将这一特定群体置于特定的历史时空进行考查，又能从较长时段进行梳理、概括，并在此基础上得出较为清晰的认知。例3（2011年广东文综卷第39题）则是重点考查"计划经济体制"这一特定的历史概念，命题者通过精心设计材料，先是将"计划经济体制"置于20世纪30年代，中外横向梳理。在此基础上，拉动时间纵向轴，将20世纪30年代与20世纪50年代的计划经济体制进行对比分析，从较长时段与较为广阔的空间对"计划经济体制"进行提炼、概括、说明，从而得出更为清晰的认知，考查时空观念素养水平三。

三、时事展望，考查时空观念素养水平四

历史时空观念的最终形成还要联系现实，历史应当为现实服务，为现实服务是历史的价值所在，历史对现实具有重要意义。习总书记在2019年3月出访意大利时曾说："鉴古可以知今，才能开创未来。"不少历史问题其实也是现实问题。在广东卷的高考考查中，命题者通过精心设问，进行时事展望，巧妙地将历史与现实联系起来。

例4：（2015年广东文综卷第39题）

现代化理论研究传统社会向现代社会的转变。阅读材料，结

合所学知识回答问题。

材料：

18—19 世纪，一些欧洲的社会学家以西方工业社会为对象，研究从传统社会到现代社会的发展规律。

"二战"后，现代化研究在美国兴起并形成完整的理论体系。该理论认为现代化的主要动力来自于内部，内部的障碍是发展中国家发展不顺利的根本原因；现代化实际上是西方化或者美国化的过程，20世纪是"美国的世纪"。这一理论得到美国政府的重视。

20 世纪六七十年代以来，很多学者根据各国的具体情况，探讨不同国家走向现代化的模式。20 世纪 80 年代，现代化理论从美国引进中国，不少学者开始将现代化概念和分析框架运用到社会科学研究中。

——据《传统与变迁——国外现代化及中国现代化问题研究》等

（1）概述 18—19 世纪西欧经济、政治发展的主要情况。（8 分）

（2）结合材料和当时的国际背景，分析"二战"后美国政府为何重视现代化理论？（10 分）

（3）为什么现代化理论能够在 20 世纪 80 年代被引进中国？运用这种理论进行历史研究时要注意什么？（9 分）

该题以现代化理论研究为主题，命题者通过精心设计材料，分别考查 18—19 世纪西欧经济、政治发展的主要状况，并要求考生结合当时的国际背景，分析"二战"后美国政府为何重视现代化理论，并在此基础上，进一步考查现代化理论在 20 世纪 80 年代被引进到中国的原因，以及运用现代化理论进行研究时要注意什么。"现代化"是今日的中国人民正努力从事与追求的一项伟大而艰辛的任务与使命，以"现代化理论研究"为主旨进行考查，命题者紧扣现实，让历史为现实服务。考查时空观念素养水平四。

　　总之，在历史教学中，时间观念是一种系统的认知框架和能力结构，更是能够细化落实的一个具体的教学目标。它是一个点，一个标注具体事件发生的时间点（时事匹配），它又是一条线，一条由时间点连缀而成的由古到今的线（时序排列）；它是多样性的建构历史的尺度（时间表达），是认识历史的立体架构（时间结构）；它还是后人理解和阐释历史的多重认知维度（时段特征、时代风貌、时变分析），更是"通古今"（古今纵通）、"贯中外"的宏观历史意识。①

<hr>

① 苗颖、刘晓兵：《从高考考查谈时间观念素养的教学分解》，载《历史教学》，2018(11)。

高考备考应活化"时空观念"

——基于2021年广东省普通高中学业水平选择考适应性测试第19题的分析

《普通高中历史课程标准（2017年版）》明确了历史学科的五大核心素养，分别为：唯物史观、时空观念、史料实证、历史解释、家国情怀。这五大核心素养其实是一个逻辑的整体，即在一定的时空范畴下，运用唯物史观，借助一定的史料，对历史进行解释，并渗透家国情怀的培养。这一逻辑整体已成为高考命题者考查的一个普遍思路。但在高考备考复习中，不少教师将"时空观念"这一重要的核心素养简单地止步于记住历史事件发生的时空，并尝试让学生制作历史大事年表或绘制地图，梳理不同的历史事件，而一旦遇到时段较长，空间范围较广的历史试题时，考生却往往无所适从，时空观念错乱，无法形成系统的有条理的答案。笔者也一直在思考：问题的症结在哪？仅仅是学生没有掌握好准确的时空定位吗？答案显然不是，问题的症结在于我们教师在高考备考中，将"时空观念"静止地灌输给学生，而忽略了"时空观念"是一个动态的、活化的观念与方法，忽视了帮助学生对知识进行系统的建构与迁移。

一、案例分析

2021年广东省普通高中学业水平选择考适应性测试第19题节选：

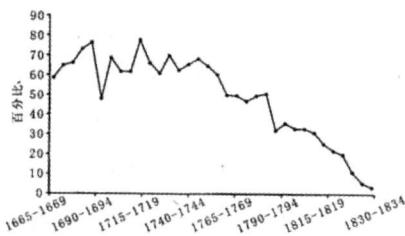

图3 印度棉布在英国东印度公司
销往欧洲的亚洲商品总值中比重

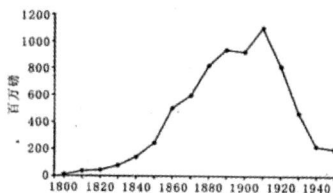

图4 英国棉纺织品出口总量

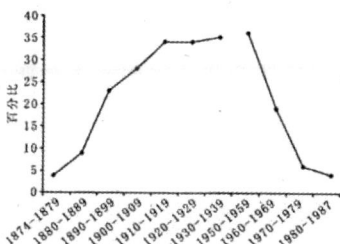

图5 日本纺织品和服装出口占世界总额比重

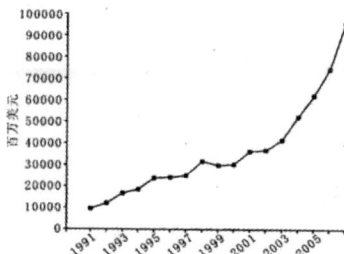

图6 中国服装出口总额

——摘编自（意）乔吉奥·列略《棉的全球史》等

从上述材料中提取两条或两条以上信息，拟定一个论题，并结合所学知识予以阐述。（要求：信息有关联，阐述合理并有史实依据）

参考答案：

示例一：

论题：国家战略影响棉纺织业的发展

阐述：一个国家经济的发展，与执政者的胆识魄力息息相关。19世纪中后期，日本为摆脱受压迫奴役的境遇，"求知识于世界"，开启了明治维新，明治维新使日本走向了先进国家的行列，无疑也促进了经济的大发展，日本纺织品和服装出口逐年上升就是明证。20

世纪 90 年代，中国确立了建立市场经济体制的战略目标，2001 年加入世界贸易组织，迎合世界潮流，积极参与国际竞争，焕发了经济发展的潜力，中国服装出口与日俱增就是明证。可见，高瞻远瞩的战略是一个国家发展的定海神针。

示例二：

论题：民族独立是国家经济发展的前提保障

阐述：一个国家一个民族要想屹立于世界民族之林，必须发展经济，而经济发展需要有一个强大的国家做后盾。近代史上，印度一度沦为英国的殖民地，经济发展受东印度公司的掣肘，发展艰难；中国沦为西方列强的半殖民地，经济上成为列强的附庸，受资本主义世界市场的操控，艰难发展。但中华人民共和国成立后，特别是改革开放后，民族独立为经济发展保驾护航，中国经济建设的成就令世界瞩目，1991 年以来中国服装出口与日俱增就是明证。总之，经济要发展，民族独立是必不可少的保障。

本题命题者对应历史课程标准的解读，考查"将某一史事定位在特定的时间和空间框架下"，"利用历史年表、历史地图等方式对相关史事加以描述""运用特定的时间和空间术语对较长时段（如古代、近现代）、较大范围（如跨国家、跨地区）的史事加以概括和说明"，以及"选择恰当的时空角度对其进行分析、综合、比较，在此基础上做出合理的论述的能力①。"命题者着重的是学生的时

---

① 《普通高中历史课程标准》（2017 年版，2020 年修订），北京，人民教育出版社，2017年，第42—43 页。

空观念和历史解释的综合考查。命题者摘选了意大利史学家乔吉奥·列略所著《棉的全球史》节选内容，以图表的形式呈现，分别选取了印度、英国、日本、中国等四个国家，采取的是长时段，分别从 17 世纪一直延续到 21 世纪。要求学生能运用特定的时间和空间术语对较长时段（如古代、近现代）、较大范围（如跨国家、跨地区）的这一历史事件加以概括和说明，并选取恰当的时空角度对其进行分析、综合、比较，在此基础上做出合理的论述。

　　学生答题时明显突出的问题是无法获取全面而准确的信息，信息无法获取则无法形成合理的论点，阐述更是无从下笔，可谓哀鸿遍野。那么，问题究竟出在哪里呢？学生为何无法获取全面而准确的信息？笔者认为，在平时的备考复习中，老师和学生都只是关注于静态的某个历史事件，而对于较长时段、较大范围的历史事件缺乏全面整体的掌握，从而无法形成综合表述的能力，最终导致普遍得分不高的现象。

二、备考建议

（一）活化"时间观念"，通过对动态时间的分析，对长时段的大历史进行破解

　　历史学家布罗代尔将历史时间分为长时段、中时段、短时段。在平时的教学与备考中，我们关注更多的是短时段的历史，而恰恰忽视了对长时段的历史进行了解与把握。这样，无法建构起整体的、系统的历史知识，学生掌握的只是支离破碎的历史事件，掌握的只是一个个客观的时间与空间，考试的时候面对新情境则无法迁移已有的知识进行应对与破解，更无法形成自

己的历史解释。

上述考题考查的时段从 17 世纪一直延续到 21 世纪，很明显属于长时段的历史。图 3 以图表的方式对印度从 17 世纪中期至 19 世纪中期的棉花及棉纺织品的贸易进行了一个大致的描述；图 4 以图表的方式对英国从 19 世纪初期至 20 世纪中期的棉花及棉纺织品的贸易进行了一个大致的描述；图 5 以图表的方式对日本从 19 世纪中后期至 20 世纪末期的棉花及棉纺织品的贸易进行了一个大致的描述；图 6 以图表的方式对中国从 20 世纪末期至 21 世纪初期的棉花及棉纺织品的贸易进行了一个大致的描述。设问要求学生从图表中提取两条或两条以上的信息，拟定一个论题并进行阐述，学生首先要能提炼出信息。这就要求学生能从给出的四个图表中找到相关的信息，题目要求的两条或两条以上信息，其实是暗示学生从给出的四个图表中选取两个进行分析整合即可。那么，如何从给出的四个图表中选取相应的两个进行信息提取呢？学生不妨从长时段的角度，找相似时间段里面，结合当时相应时间段发生的重大历史事件，进行分析整合，提炼观点，并进一步进行阐述。以图 3 和图 4 为例，两个图表重合的时间段是 18 世纪到 19 世纪中期，那么这一时间段里面，相对应的重大历史事件是什么呢？岳麓版（必修二）教材第二单元《工业文明的崛起和对中国的冲击》里面，详细地介绍了从"新航路的开辟""早期殖民扩张""两次工业革命"等相关史实，如果复习备考的时候，老师和学生能从长时段去把握"工业文明的崛起""资本主义世界市场的形成"等核心概念，并进一步了解和掌握"工业文明的崛起"后，以中国为代表的传统大国开始遭遇工业文明冲击，迅速走向衰落等系统性的、综合性的史实，则不难获取相关信息，并提炼成观点，进行相关阐述。

（二）活化"空间观念"，对同一时段不同地域的相似关联进行整合

历史从来都是"人"的历史，"人"的活动区域变构成了空间，历史空间既包括自然地理空间，也包括社会空间。与历史的长时段结伴而行的便是相对广泛的社会空间，而相对广泛的社会空间并不仅仅是静止的自然空间，它是与人们活动相联系的长时段的丰富的社会空间。复习备考的时候，老师只有活化空间观念，并对同一时段不同地域的相似关联进行整合，才能帮助学生建构起系统的知识，并运用丰富系统的知识对历史事件进行合理的历史解释。

如上述试题的图 5 和图 6，图 5 和图 6 相重合的时间段是 20 世纪中期至 20 世纪末，这一较长时间段里，教材涉及到的相对应的历史知识分别出自岳麓版（必修二）第五单元《经济全球化的趋势》与岳麓版（必修二）第四单元《中国社会主义建设发展道路的探索》，岳麓版（必修二）第五单元《经济全球化的趋势》里面有介绍"二战"后日本崛起的相关知识，与岳麓版（必修二）第四单元《中国社会主义建设发展道路的探索》里面有介绍中国在中华人民共和国建立取得民族独立后，经济迅速发展的相关历史史实，从相关对比中学生不难发现，一开始远远落后于邻国日本的中国，在取得民族独立后，尤其是改革开放以后，经济发展一路高歌猛进，超过日本，接近世界领先水平。如果在平时的复习备考中，老师在引领学生复习这些相关的知识时，能将同一时段不同国家进行分析、对比、整合，学生在遇到相似考题时，提炼信息就会得心应手，也能顺利提炼出观点，并进行相关阐述。

"时空观念"作为历史学科五大核心素养中重要的一个核心素养，其既是一种观念，也是一种方法，一线教师在复习备考时，绝不能仅仅止步于静态的时间和空间的掌握，应活化"时空观念"，方能帮助学生有效应对命题者的考查。

例谈高考命题中时空观念素养的考查

——以2020年全国高考 I II III 卷为例

时间和空间构成了历史学科的基本要素，而新课程改革更是将时空观念纳入对学生素养培养的体系之中，其重要性显而易见。下面以 2020 年全国卷试题为例，探析试题中对学生时空观念素养的考查，以期为今后的教学方向和重点提供借鉴意义。

一、试题内容分析

（一）强调时空定位

对具体时空的定位在全国卷中随处可见。这种具体时空的定位分为"知识线索的时空定位"和"整合运用知识的时空定位"。作为"知识线索的时空定位"仅仅提供基本的时空知识，如全国 III 卷第八题例题"1978 年年底，中央工作会议上印发了《战后日本、西德、法国经济是怎样迅速发展起来的》以及新加坡、韩国等经济发展情况的材料，主要是为了讨论（　）A. 增强国营企业活力 B. 积极利用外资和先进技术 C. 建立市场经济体制 D. 调整优先发展重工业战略"，其中的时间 1978 年和地点战后日本、西德、法国、新加城、韩国仅仅是构成历史事件的必备时间和地点服务。而作为"整合运用知识的时空定位"则需将时间和空间放到特殊的历史背景中，运用学生已有的分析、理解和归纳能力构建起知识逻辑来解决具体问题。如全国 I 卷中"北宋时，宋真宗派人到福建取得占城稻三万斛，令江淮两浙诸路种植，后扩大到北方诸路；宋仁宗时，大、小麦被推广到广南东路惠州等地。南宋时，'四川田土，无不种麦'。这说明宋代（）A. 土地利用效率提高 B. 发明翻车提高了生产力 C. 区域经济发展均衡 D. 民众饮食结构根本改变"，其中的时间北宋、宋仁宗时、南宋和空间福建、江淮两浙、北方、广南东路惠州和四川不仅仅是构成历史事件的基本知识，同时还要学生运用知识进行分析，建立起逻辑联系才能解决问题。

（二）突出历史阶段特征

对历史阶段特征的考察在高考题中突出显现。它侧重于对长时段的历史现象进行归纳，从政治、经济、思想、文化、外交等角度综合归纳某一历史时期的特征。尤其是全国 I 卷第 42 题最为典型，它要求就"中国古代某一历史时期，自拟一个能够反映其时代特征的书名，并运用具体史实予以论证"。该题突出体现对学生能力的要求，它提供了一个长时段的时间，不拘泥于某一时间，需要学生从中选定一个特定时期，对这一时期的历史现象进行精准归纳和阐述，突出考查学生综合运用知识的能力以及对整体知识的建构和归纳能力。

（三）侧重对中外异、同时空的比较与联系

全国卷的试卷内容，侧重对中外异、同时空的比较和联系。如全国 I 卷第 41 题考查了 20 世纪 50 年代至 90 年代中德外交的发展演变、原因及启示；全国 II 卷第 41 题考察西周和古希腊城邦形成的特点和原因，对同一时期中外的发展进行横向的联系和比较。还侧重对同一社会空间下不同时期的发展进行纵向的延伸，如全国 II 卷第 41 题以"永定河的治理"这一空间要素，考查了从清代康熙到中华人民共和国这一长时段的历史，政府如何治理水利工程及治理的效果。

二、命题特点分析

从高考题的命题特点来看，整体上突出体现了高考评价体系中的一体四层四翼要求。即"立德树人、服务选拔、导向教学"这一高考核心立场，"必备知识、关键能力、学科素养、核心价值"四层考查目标以及"基础性、综合性、应用性、创新性"四个方面的考查要求。

（一）坚持立德树人，重视人文价值

高考卷的命题突出立德树人这一核心理念的贯穿。全国Ⅲ卷第 42 题以 1995 年江苏、浙江的农民意向调查表为例，考查改革开放之后人们观念的变化，使学生们认识到中国改革开放的成就。全国Ⅲ卷 20 世纪的战争与和平考了抗日根据地的背景和贡献，可以让学生从中感受到敌后抗战做出的巨大努力，进而理解中国在抗日战争中做出的卓越贡献，培养学生爱国意识。中外历史人物评说一题，全国Ⅰ卷选用魏晋时期的苏绰对西魏改革的贡献，Ⅱ卷选用竺可桢对地理科学的贡献，Ⅲ卷选用唐代张九龄的历史贡献，都体现出对突出人才的重视，从而也培养了学生们向英雄人物学习，立志报效祖国的热情。

（二）注重综合能力

综合能力的考查是高考题的重要方面。全国Ⅰ、Ⅱ卷中通过图片资料，考查了中国古代的绘画和宗教，学生需要运用所学知识将图片信息放在特定的时代背景中去解决，体现出艺术审美与史学研究的结合。全国Ⅲ卷则展示不同时期的货币形态，分析形态发生变化的原因，考查了学生在动态的变化中归纳共同之处的能力。又如全国Ⅰ卷历史上的重大改革一题，围绕书本上的重要事件

"清末新政"来出题，考查学生在熟悉的历史情景知识下，解决遇到的具体但陌生的问题。

（三）关注现实

以史鉴今、关注现实是历史学科的重要使命，高考题中侧重对学生现实能力的考查。如全国I卷第41题考查中德的外交关系，同时又让学生从中德关系的发展中得出启示和思考。全国II卷中以改革开放为背景，对浙江、江苏农民的观念意识进行问卷调查，让学生根据材料就某一个方面展开论述，侧重考查学生运用已有的知识来解决现实问题。

三、教学方向和启示

（一）关注时序思维和社会空间

历史知识不单单是由时间和空间构成的历史事件，更重要的是建立起历史事件之间的逻辑和联系，这就要求学生不仅要有时间和空间的基本知识，还要建立起时序思维和社会空间意识。姚晓岚、魏恤民在《历史教学中时空观念的培养路径》一文中提到"要实现学生由时序意识到时序思维的转变"。时序思维即要构建起历史的逻辑时间，构建起历史纵向时间联系，而社会空间则是要着重对历史事件发生的社会环境（通常是政治、经济、文化）进行系统把握，从而实现学生时空观念素养的培养。

（二）重视古今中外的比较和联系

历史学科重视将历史研究放在特定的时空背景下去探究，而不是孤立地将历史事件隔开去分析，它强调横向和纵向的联系，以古论今、中西交融是历史学科的使命。我们就以儒家文化为例，儒家文化不是孔子一个人建立起来的，而是经历了一个长时段的发展演变，由不同时代的儒生继承、创新最终形成的，这就需要我们将历史研究放在长时段的历史时空内去研究。又如我们在学习近代史时，需要将中外历史的发展状况做对比，才能更好地理解近代中国发展缓慢的历史原因。

（三）重视能力素养训练

高考评价体系中明确指出考查学生关键能力，实际上就是对学生运用知识迁移的能力和解决实际问题的能力检测。这就要求教师在平时的教学中要有意识地通过核心素养的贯穿达到对学生能力的训练，在课堂中以问题为驱动，创设情景，激发学生思考，联系现实问题，重视实效性，同时重视分层教学，发挥学生主体性。有针对性地设计课后练习题，同时注重学生用发展的眼光看问题，培养学生的创新意识和批判精神。

总而言之，2020年全国卷体现了高考评价体系中的一体四层四翼的核心原则，这为今后历史学科的教学和育人目标指明了方向。

参考文献：

[1] 姜钢.《探索构建高考评价体系　全方位推进高考内容改革 [N].中国教育报，2016—10—11(3).

[2] 姚晓岚，魏恓民.历史教学中时空观念的培养路径 [J].教学月刊：中学版，2019(25).

[3] 支正霄.2015—2019 全国高考Ⅱ卷文综历史试题中的"时空观念"研究 [D].2020 年内蒙古师范大学硕士学位论文.

2019 年高考文综卷（一）历史学科第 42 题赏析

阅读材料，完成下列要求。（12 分）

材料：

凡读本书请先具下列诸信念：

一、当信任何一国之国民，尤其是自称知识在水平线以上之国民，对其本国以往历史，应该略有所知。

二、所谓对其本国以往历史略有所知者，尤必附随一种对其本国以往历史之温情与敬意。

三、所谓对其本国以往历史有一种温情与敬意者，至少不会对其本国以往历史抱一种偏激的虚无主义，亦至少不会感到现在我们是站在以往历史最高之顶点，而将我们当身种种罪恶与弱点，一切诿卸于古人。

四、当信每一国家必待其国民备具上列诸条件者比数渐多，其国家乃再有向前发展之希望。

——钱穆《国史大纲》（1940）

评析材料中的观点（任意一点或整体），得出结论。（要求：结论不能重复材料中的观点，持论有据，论证充分，表述清晰。）

【分析】中华民族有着悠久、灿烂的传统文化，几千年以来，传统文化已经融入了中华民族的血液，铸就了中华民族的性格。然而，时代总是向前发展，全球化日益发展的今天，东西方文化碰撞、交融，该如何认识传统文化，该如何传承传统文化，该如何让传统文化在民族复兴大业中增姿添彩，并发挥其应有的价值与作用，是我们要积极探讨并付诸实践的问题。本题选取史学大师、新儒学代表人物钱穆《国史大纲》中的一则史料，通过列举"凡读本书请先具"的几点信念，考查学生对信息的获取、整理、归纳并调动所学知识对获取观点进行分析、评价，形成历史认识和历史解释的能力。本题旨在引导学生正确认识传统文化，认识到中国几千年传统文化中蕴藏着积极理性的成分，对中国传统文化进行正确认识并合理运用将有利于中华民族的复兴，体现了正确的价值和立意导向。

一、本题考查的知识点

主要涉及儒家思想的发展、演变、新文化运动、抗日战争、中华民族的复兴等，都是高中历史学科的必备主干知识。

二、考生作答本题，除了需要具备从材料中获取有效信息、调动和运用所学知识等能力外，还需要应用到多项学科关键能力；如：充分获取信息，发现问题的能力；客观分析历史事实的能力，运用辩证唯物主义和历史唯物主义的基本观点评价历史观点的能力；准确掌握历史时序、运用归纳、概括等历史学思维方法分析问题的能力；正确解释历史事物、认识事物本质的能力；评价历史现象的能力等。同时，该题注重考查学科素养；如唯物史观：传统文化对民族复兴的推动与促进作用；史料实证素养，试题明确要求持论有据，论证充分；历史解释素养：要求考生评析观点，并得出历史结论，形成历史解释。

三、从学术溯源的角度

钱穆先生著《国史大纲》时，正值抗日战争时期，中华民族又一次陷入了生死存亡的紧急关头。民族的救亡与复兴，再次成为中国人民政治生活中的主题，发扬民族精神，振兴民族文化，成为激荡全民族的响亮口号，在此背景下，以钱穆、冯友兰、熊十力等代表的新儒学日益走向成熟。钱穆先生是新儒学的史学代表，他在史学领域高举新儒学旗帜，反对"尽废故常"的历史虚无主义，是维护中国历史文化精神的第一人。他以宋明为指导思想来编纂历史，以叙述历史的方式阐述宋明理学的基本思想。他认为宋儒提倡的"为天地立心，为生民立命"，以天下为己任的精神才是中国历史的基本精神。命题者以中国传统文化为依托，倡导对传统文化进行理性反思，重新认识、整理。当今时代正处于"两个一百年"的关键节点时期，而青少年是祖国的未来、民族的希望，是民族复兴的主力军。很明显，命题者意图通过这道题，不仅考查考生相关的必备主干知识和学科关键能力、学科素养，而且一定程度上可以发挥历史学科立德育人的正确导向，引导学生树立正确的历史观，认识中国传统文化的合理内核，并加强对中国特色社会主义的文化自信。

四、和去年同期的全国Ⅰ卷第42题相比较，今年的全国Ⅰ卷第42题主要有以下两大创新：

（一）鲜明的价值导向和立意导向

（二）在设问上巧妙创新

该题在设问上粗看与平常并无二致，但于细节处创新，要求考生在评析观点后，得出结论。这就要求考生不是简单地对材料观点进行评析，要求考生在此基础上进一步形成自己的认识，并对此作出合理的历史解释。

（三）考查学生关键能力与必备素质方面，要求进一步提高

看似常规，但于细节处打破常规，巧妙立新，将政治性与学理性相结合，将价值与知识相融合。综合起来看，2019年文综全国Ⅰ卷历史学科第42题，应该属于命题者比较成功的

一道题。

参考答案：

观点：作为一个有知识、有良知的国家公民，对于本国传统文化，应该持敬畏的态度，理性认识，合理传承，不应该持历史"虚无主义"。

评析：20世纪40年代，正值抗日战争时期，中华民族又一次陷入了生死存亡的紧急关头。民族的救亡与复兴，再次成为中国人民政治生活中的主题，发扬民族精神，振兴民族文化，成为激荡全民族的响亮口号。在此背景下，钱穆先生在史学领域高举新儒学旗帜，反对"尽废故常"的历史虚无主义，是顺应时代的要求、宏扬爱国精神的体现，也是对传统文化理性、科学的正确态度。众所周知，中国几千年的传统文化，已经深深植根于中华民族的血液，铸就了中华民族的性格，而片面强调西方文化的优越，简单粗暴地全面否定中国传统文化的做法，只会切断中华民族的根，对中华民族造成无谓的冲击。当今社会，正处于"两个一百年"的关键节点，民族复兴依然是时代主旋律，正确认识传统文化的合理内核，理性传承中国传统文化，仍然是必要和必须的。钱穆先生的观点不仅在当时引发广大反响并获支持，在今天依然有其鲜活的现实意义。

结论：全球化高速发展的今天，文明应多元、交流、互鉴，而对于本国优秀的传统文化，我们应理性认识，合理传承，让多元的文明之花在优秀的传统文化的土壤上开出并蒂之花。

核心素养立意背景下的高考备考策略

新高考如期而至，对于一线教师而言，如何备战高考，则是一项现实而紧迫的任务。高考备考，方向很重要。而要找准高考新方向，首先就得了解高考"新"在何处？新高考其实主要新在两个大的方面：一是命题立意与命题方向的"新"；二是命题测量目标的"新"。

一、从"新"处找方向

（一）认真研磨全国卷，以核心素养的落实为备考的重要方向

《新高考评价体系》中明确强调命题立意的转变：即由"能力立意"转向"素养立意"，但我们不少一线教师总觉得"核心素养"是一个很虚的东西，不过是国家考试中心在玩文字游戏，觉得其在备考过程中很难落地。因此，在备考过程中仍然固执地以"能力立意"甚至是"知识立意"为方向。无疑，如此备考必然会走向低效甚至无效。那么，高考备考当中我们该如何落实以"核心素养"为备考方向呢？首先，我们得科学理性地认知"核心素养"。"核心素养"具体到每一个学科，又被称为"学科素养"。根据《高中历史新课程标准》（2017年版）表述，历史学科素养分别包括：唯物史观、时空观念、史料实证、历史解释、家国情怀等五大学科素养。但是，五大学科素养并不是并立的横向存在，其是一个逻辑整体。完整的表述应该是：在唯物史观的指导下，借助时空观念、依托史料进行实证，得出历史理解、历史解释。那么，高考命题中，试卷命题者是如何落实"核心素养"的呢？我们不妨以两道试题为例：

例1：（2010年广东文综）

12.在中国古代"家国一体"的社会中，忠孝观念源远流长，其源头是

A.宗法制　　　B.郡县制　　　C.君主专制　　　D.中央集权制

例2：（2020年全国卷）

1.据史书记载，角抵（摔跤）"盖杂技乐也，巴俞（渝）戏、鱼龙蔓延（百戏节目）之属也"。秦二世曾在宫中欣赏。汉武帝在长安举行了两次大规模的角抵表演，长安百姓"三百里内皆观"，他也曾用角抵表演欢迎来长安的西域人。据此可知，当时角抵

A.促进了川剧艺术的发展　　　B.拥有广泛的社会影响

C.推动了丝路文化的交流　　　D.源于民间的劳作技能

从上面两道高考真题中我们不难发现，例1的A、B、C、D四个选项是具体指向的考点，其考查的方向是"知识立意"；而例2命题者通过设置一定时空范围内的情境性的材料，要求考生能够提取材料有效信息。整合材料信息并结合所学知识，形成正确合理的历史解释。因此，从全国卷的命题立意来看，其命题方向明显指向"核心素养"立意。"核心素养"不再是空中楼阁，这就要求一线教师在备考时一定要以核心素养的落实为方向，精心挑选符合方向的试题，精心讲解。

（二）精读《高中历史新课程标准》，体会每个核心素养的分层要求，落实分层教学

高考的一项无法回避且极为现实的使命便是其服务于选拔人才的要求，而试卷如何比较理想地达成这一要求？《新高考评价

体系》中的"一体四层四翼"中的"四翼"部分：基础性、应用性、综合性、创新性则鲜明地体现了这一要求。这一要求其实是在布卢姆、安德森的理论基础上将人的认知分为识记、理解、应用、分析、评价、创新等梯度不同的层次进行考查。呼应这一考查要求，2017 年版《高中历史新课程标准》将每一核心素养都具体设置了四个不同的层级，水平 1 至水平 4，而高考命题者在命制试题时，会严格遵守这些层级的划分。我们不妨以一道高考真题为例：

2020 年全国卷

材料一：

永定河属海河水系，清初"水患频仍"。康熙三十七年（1698），直隶巡抚主持治河，改行河道，并在两岸筑堤防系统。竣工后，康熙皇帝赐名"永定河"，下旨："永定河工，照黄河岁修、抢修之例办理。"清廷设立永定河道，总理永定河事务，有近 2000 名河兵常年修守。改名永定河后的 40 年内，下游浸溢、决口达 20 次。清中期以后，在永定河修建 17 处减水坝，各减水坝下均开挖有减水引河。一段时期内不再洪水泛滥，但河道淤积严重，到清末已成"墙上筑夹墙行水"的形势。

——据（清）《永定河续志》等

材料二：

中华人民共和国成立后，中央在大江大河治理中把保证人民生命财产安全放在首位。1951 年，开始在永定河上修建官厅水库，这是海河流域第一座大型水库。1957 年，《海河流域规划》编制完成，其方针任务是：防止华北洪涝灾害，发展灌溉、航运、电力、工业城市给水。1963年11月，毛泽东发出"一定要根治海河"的号召。海河流域各地分别成立"根治海河"指挥部，在工程实施中采取了"集中力量打歼灭战"的方针。"根治海河"前期，每年用在水利建设上的劳动力达百万以上。骨干工程在用工与治理顺序上实现了各省市的团结协作。经不懈治理，海河流域的洪涝等自然灾害得到有效控制，"十年九荒"的历史彻底改变。

——据《海河志》等

（1）根据材料一并结合所学知识，概括清代治理永定河的措施及其效果。（10分）

（2）根据材料并结合所学知识，分析中华人民共和国成立后治理海河的特点及其意义。（15分）

这是2020年全国Ⅰ卷的一道高考真题，命题者分别设置两道材料，第一小问答案的得出，其实考生只要具备水平2的层级即可获得相应解决。而第二小问的相应解决，考试则需要具备水平3和水平4的层级要求，要求考生在获取材料信息整理材料信息的基础上，迁移并调动相关知识，进行分析、运用、抽象、概括、提炼，得出认知。这就要求我们在备考时要根据学情，找准我们最合适的层级，进行教学。

二、从"实"处谋策略

（一）构建主题式复习方法

核心素养的有效达成离不开关键能力的支撑，而关键能力又是建构在必备知识的基础之上。因此，一轮复习如何夯实必备知识，是高考备考策略的重要一环。无疑，必备知识不仅仅是孤立的浅层次的知识，更不是简单的识记性的事实性知识，还包括理解与分析层面的概念知识、程序性知识。在一轮复习中，只有通过构建主题式复习方法，才能宏观全面地把握更全面且更具深维度的必备知识，也只有如此，才能形成关键能力，由此达成相应素养。

（二）实行分层教学

高考命题的设置的分层特点，要求一线教师在教学中，应该根据学情，分层教学。我们不能简单地止步于识记层面的事实性知识，但也不能将所有的学生往元认知的层面去推，要根据学生的实际水平，设计相应层级的教学目标，实行分层教学，达成相应层级的水平。

（三）关注地方特色

高考试卷的命制下放到省，试卷呈现出一个鲜明的特点就是有明显的地方特色。

如，2020 年天津卷的第 7 题：

20 世纪 50 年代，我国在经济极其落后的基础上，开始大规模工业建设，各行各业掀起劳动建设高潮。1955 年 3 月，天津制表业的工人们在缺少资金设备、没有图纸资料的情况下，奋战数月，研制出第一块国产手表，用智慧的双手结束了"中国只能修表，不能造表"的历史。由此可以看到当时四名工人在简陋的条件下研制手表。（10 分）

  A. 国民经济恢复的重要成果 B. 工业综合实力的全面提升

  C. 勤俭节约的优良传统   D. 艰苦奋斗的时代精神

2020 年山东卷的第 2 题：

先秦至西汉前期，山东东部地区得"鱼盐之利"，总体上是商业活跃的地方。西汉中期以后，这一地区的商人活动开始步入低谷，这是由于西汉政府。（15 分）

A. 重视关中地区经济发展　　　B. 强化了经济控制

C. 开通了丝路贸易　　　　　　D. 以儒家义利观教化百姓

阅读材料，完成下列要求。（15 分）

材料一：

19 世纪以来，全球范围内的资金流动、人才流动和技术转移日益频繁。从 1930 年到 1990 年，随着世界全新沟通的实现，空运成本已从平均每英里 68 美分降到 11 美分，纽约与伦敦的三分钟的电话费从 244 美元降到 3 美元。1964—1965 年在纽约举行的世界展览会上，沃特·迪士尼公司的一句广告语："世界太小了。"

——摘编自高德步、王珏《世界经济史》等

材料二：

海南在 30 多年里书写全国最大改革"试验田"的春天故事，成为向世界展示中国的一个重要窗口。海南是我国最大的经济特区，具有实施全面深化改革和试验最高水平开放政策的独特优势。支持海南逐步探索、稳步推进中国特色自由贸易港建设，分步骤、分阶段建立自由贸易港政策和制度体系。这是党中央统筹国内国际两个大局，立足当前、着眼未来、审时度势作出的历史性战略决策。

——摘编自《人民日报》

（1）根据材料一并结合所学，简述"世界太小了"这一广告语出现的历史背景。（6分）

（2）根据材料并结合所学知识，说明在海南建设中国特色自由贸易港对支持和推动世界经济发展的意义。（9分）

地方特色在高考命题中的出现，无疑给备考明确了一个方向，这就要求一线教师在高考备考中，凝练地方特色的主题，进行相关教学。

基于高考命题中开放性试题的分析及备考应对策略

高考命制中开放性试题一直是新课标全国文综卷变化创新的一个风向标，说它是全国卷的亮点都毫不为过，其将伴随着新高考的推行而在单独命题的各个省份全面推行。因此，理性、科学地分析高考命制中的开放性试题，从而实现相对有效的备考意义。

一、全国卷开放性试题经历了一个逐步走向成熟的过程

2011 年新课标全国文综卷第 41 题：

西方的崛起曾被视为世界历史中最引人入胜的历程之一。这一进程始于民主与哲学在古希腊和古罗马的出现，继之以中世纪欧洲的君主制和骑士制度，经过文艺复兴和大航海时代，结束于西欧和北美对全世界军事、经济和政治的控制。非洲、拉丁美洲和亚洲的人们只有在遭遇欧洲探险或被殖民时才会被提到，他们的历史也就是从欧洲的接触和征服才开始的。

然而，在过去的十多年中，一些历史学家对上述概括提出了颠覆性的认识。他们认为在 1500 年前后的经济、科学技术、航海、贸易以及探索开拓方面，亚洲与中东国家都是全世界的引领者，而那时欧洲刚走出中世纪进入文艺复兴时期。这些历史学家认为，当时的欧洲要远远落后于世界其他地方的许多文明，直到 1800 年才赶上并超过那些领先的亚洲国家。因此，西方崛起是比较晚才突然发生的，这在很大程度上都要归功于其他文明的成就，而不仅仅取决于欧洲本土上发生的事情。

——摘编自杰克·戈德斯通《为什么是欧洲？——世界史视角下

的西方崛起（1500—1850）》

评析材料中关于西方崛起的观点。

（要求：围绕材料中的一种或两种观点展开评论；观点明确，史论结合。）

考查考生"使用批判、借鉴、引用的方式评论历史观点"，使此类开放性试题从全国卷 40 题中独立出来。

2012 年新课标全国文综卷第 40 题：

"冲击—反应"曾是国内外史学界解释中国近代历史的模式之一。其主要观点为中国社会存在巨大惰性，缺乏突破传统框架的内部动力；从 19 世纪中期开始，西方的冲击促使中国发生剧烈变化。有人据此图示中国近代历史变迁。

要求考生评析"冲击—反应模式"，进一步巩固该题的独立地位，但考查的依然是上述层级目标，略缺新意。

2013 年新课标全国文综卷第 41 题：

历史地图包含了政治、经济、文化等多种信息。比较图 1、图 2，提取两项有关汉唐间历史变迁的信息，并结合所学知识予以说明。

考查学生运用"判断、比较、归纳的方法论证历史问题"，开始过渡到另一个层级目标的考查，峰回路转，令人豁然开朗。

2014 年新课标全国文综卷第 41 题：

根据材料并结合所学知识，对该目录提出一条修改建议，并说明修改理由。

考查学生"独立地对历史问题和历史观点提出不同看法"，它一方面继续承接 2013 年的变化；另一方面又很自然地过渡至对新一个层级目标的考查。如此看来，这四年中，41 题不但独立成题，而且还完成了对"论证和探讨问题"能力之下三个层级目标的轮回考查。

2015 年新课标全国文综卷第 41 题：

2015 年 41 题要求考生"运用世界近现代史的史实，对上述公式（生产力公式）进行探讨"，其中还有一个相对较长的说明：可以就科学技术与公式中一个或多个要素之间的关系进行修改、补充、否定或提出新的公式，并加以论述，要求观点明确，史论结合，史实准确。

仔细分析该"说明"，前者实际上是要求考生"使用批判、借鉴、引用的方式评论历史观点"；后者则是要求考生"独立地对历史问题和历史观点提出不同看法"。如果说前四年第 41 题是单独考查某一个层级目标的话，2015 年则实现了对两个层级目标的同时考查。一方面使得该题的开放性更强，考生自主的空间更大；另一方面也给命题提供了更加广阔的空间。

2016 年新课标全国文综卷第 41 题：

2016 年第 41 题要求考生结合材料与所学世界史的相关知识，围绕"制度构想与实践"自行拟定一个具体的论题，并就所拟论题进行简要阐述（要求：明确写出所拟论题，阐述须有史实依据）。

既考查了学生获取信息、发现问题的能力，又考查了学生"独立地对历史问题和历史观点提出不同看法"的能力。和 2015 年相比，第 41 题的难度有所降低，注重了问题设置的开放性和答题方法的多维性，要求学生能够根据论证主题，在限定史实范围内自主建构历史阐释框架，并形成个性化的历史解释。

二、开放性试题试图考查的目标

（一）夯实必备知识与关键能力

《普通高等学校招生全国统一考试大纲》（以下简称考纲）中强调了四种能力：获取和解读信息；调动和运用知识；描述和阐释事物；论证和探讨问题。如在本题的考查中，前三者是前提和基础，后者是重点和核心。2016年新课标全国文综卷第41题，要求考生结合材料与所学世界史的相关知识，围绕"制度构想与实践"自行拟定一个具体的论题，并就所拟论题进行简要阐述（要求：明确写出所拟论题，阐述须有史实依据）。既考查了学生获取信息、发现问题的能力。又考查了学生"独立地对历史问题和历史观点提出不同看法"的能力，考查过程中，我们不难发现：考纲中所强调的四大能力要求在本题中得以全面考查。只不过前三者是前提和基础，且最终为"论证和探讨"服务，后者才是重点和核心。

（二）关注学科素养，促成思维发展

近几年新课标全国卷第41题的设问要求和答案示例，非常明确地对基本的学科素养作了要求。其具体表现为：以唯物史观为指导，在具体的时空观念下，借助材料所提供的史料并结合所学，在历史理解的基础上，形成学生自己的历史认识和历史解释。强调论从史出，史论结合；答题语言上强调逻辑严密、文字通顺。

三、开放性试题的备考策略

（一）创新课堂教学模式，培养学生的批判思维和创新思维

传统的课堂教学模式教师处于绝对的地位，强调知识的传授，

忽视学生的自我认知及学生的主动建构，从而使课堂教学处于浅层的知识追求，这也必然导致知识的浅层化、支离化，学生的思维发展受到阻碍，不利于学生的发展。教师在备考中，只有创新课堂教学模式，改变传统的师生关系，在学生的认知基础上，注重学生对知识的主动建构，追求主干的、深层的知识，注重学生思维的发展与培养。

（二）训练掌握两项关键之处

1. 找寻提炼观点的有效方法

开放性试题之所以难，关键在于学生难以形成一个符合题目要求的观点。反过来讲，这也是第 41 题备考的重中之重，学生应该学会判断考题考查的具体层级目标，有针对性地形成观点。

2012 年的第 41 题，考查的是层级目标Ⅱ，即要求考生"使用批判、借鉴、引用的方式评论历史观点"。形成观点时，主要是"引用"的方式，相对较易。材料中已经提供了现成的观点，考生在评析前，只要引用一种观点并表明自己的态度，无论赞同、否定或另有观点皆可，然后史论结合言之有理进行评析，均可得分。

2013 年的第 41 题，考查的是层级目标Ⅰ，即要求考生"运用判断、比较、归纳的方法论证历史问题"。

形成观点时，需要考生采用"比较"的方式，获取、解读两幅历史地图中的两项信息并形成观点。相对于 2012 年试题，增加了难度，很多考生忽视"比较"二字而无辜丢分。需要提醒的是，该层级目标下的运用"判断"和"归纳"的方式来论证历史问题在新课标全国Ⅰ卷中尚未出现，应引起重视。

2014 年的第 41 题，考查的是层级目标Ⅲ，即要求考生"独立地"对历史观点提出不同看法。由于本题要求考生"独立地"提出不同看法，且材料中没有直接的信息可资引用和借鉴，于考生而言，其难度又上了一个新台阶。它要求考生将材料信息与其对抗日战争已有认知进行对比，发现两者间的诸多不同。以此为出发点，对目录进行增、删、并、调，从而形成诸多适应题目要求的观点。

2015 年的第 41 题，考查的是层级目标Ⅱ和层级目标Ⅲ，试题提供了两种选择，提高了考生答题的自主空间。其观点的形成分别等同于 2012 年和 2014 年，此处不再赘述。

2016 年的第 41 题，考查的是层级目标Ⅰ和层级目标Ⅲ，相对于 2015 年难度有所降低，注重了问题设置的开放性和答题方法的多维性，要求学生能够根据论证主题，在限定史实范围内自主建构历史阐释框架，并形成个性化的历史认识和解读。

2．进行常规的论证或说明的训练

第 41 题的要求主要反映在三个方面：答题时既要注意多角度的论证和探讨；还要注意论从史出，史论结合；同时在语言表达上也须逻辑严密，文字通顺。有的考生尽管答题文字很长，但实际上是单一角度，这属于论证不充分的那一类，影响了得分。有的考生在答题的过程中，要么是观点的堆砌，要么是史实的罗列，做不到论从史出，史论结合，也影响了得分。还有不少的考生语言啰唆、文句不通，逻辑混乱，同样导致了低分。

高考命题者开放性试题作为试题创新的重要突破，也是服务于国家创新人才培养的要求，准确进行分析与破解，对于高考备考，尤为必要。

关于高考全国卷的评价新体系及各科应对方略

一、"一体四层四翼"的高考评价体系

基于新时代深化高考内容改革的要求，教育部考试中心组织高水平专家团队研发构建了"一体四层四翼"的高考评价体系。"一体"为"立德树人、服务选拔、引导教学"，明确高考在新时代素质教育中的定位和核心功能；"四层"为"必备知识、关键能力、学科素养、核心价值"，通过明确考查内容，对培养什么样的人和需要具备什么样的素质做出回答；"四翼"为"基础性、综合性、应用性、创新性"，通过明确考查要求，对如何培养人和怎样提升素质做出回答。

"一体"："一体"即高考评价体系。通过确立"立德树人、服务选拔、导向教学"这一高考核心立场，回答了"为什么考"的问题。

"四层"：即"必备知识、关键能力、学科素养、核心价值"四层考查目标，回答了"考什么"的问题。

"四翼"：即"基础性、综合性、应用性、创新性"四个方面的考查要求，回答了"怎么考"的问题。

（一）四层

1."必备知识"：强调考查学生长期学习的知识储备中的基础性、通用性知识，是学生今后进入大学学习以及终身学习所必须掌握的。

2."关键能力"：重点考查学生所学知识的运用能力，强调独立思考、分析问题和解决问题、交流与合作等学生适应未来不断变化发展的社会的至关重要的能力。

3. "学科素养"：要求学生能够在不同情境下综合利用所学知识和技能处理复杂任务，具有扎实的学科观念和宽阔的学科视野，并体现出自身的实践能力、创新精神等内化的综合学科素养。

4. "核心价值"：要求学生能够在知识积累、能力提升和素质养成的过程中，逐步形成正确的核心价值观，这也体现了高考所承载的"坚持立德树人，加强社会主义核心价值体系教育"和"增强学生社会责任感"的育人功能和政治使命。

（二）四翼

1. "基础性"：要求主要体现在学生要具备适应大学学习或社会发展的基础知识、基本能力和基本素养，包括全面合理的知识结构、扎实灵活的能力要求和健康健全的人格素养。

2. "综合性"：要求主要体现在学生能够综合运用不同学科知识、思想方法，多角度观察、思考，发现、分析和解决问题。

3. "应用性"：要求主要体现在学生要能够善于观察现象、主动灵活地应用所学知识分析和解决实际问题，学以致用，具备较强的理论联系实际能力和实践能力。

4. "创新性"：要求主要体现在学生要具有独立思考能力，具备批判性和创新性思维方式。

二、如何科学备考

高考作为衔接高等教育和基础教育的桥梁，在教育系统中处于关键位置，特别是对于基础教育教学具有重要的导向作用。高考内容改革的深化和试题考查的方法，对高中教学内容和方法、学生能力的培养和提升都有重要影响。

教育部考试中心命题专家认为，依据考试大纲，鼓励"课内功夫"；强调知识内化，助益融会贯通；加强灵活考查，促进真懂会用，这三方面明显体现了今年高考试题的积极导向。

首先，依据考试大纲，鼓励"课内功夫"

考试大纲依据高校人才选拔要求和国家课程标准，体现了国家选才要求和高中教育目标的统一。教育部考试中心命题专家表示，依据考试大纲命题，是实现教、学、考有机衔接的重要途径，有利于充分发挥考试促进教学、引导素质教育的作用。2018年高考命题严格依据考试大纲规定，聚焦学科主干内容，引导高中教学遵循教育规律，回归课堂教材，避免超纲超量的教与学，促进改变应试教育倾向，助力发展素质教育。

高考注重基础知识的考查。如理科综合全国Ⅰ卷第1题考查生物膜结构在维持生命活动中的作用。

高考注重主干内容的考查。例如，物理学科以基本物理规律为重点，要求学生从物质观念、运动与相互作用观念、能量观念等整体的视角来思考问题，促进学生物理素养的形成与发展。历史学科以历史发展的主要线索考查学生对主干历史知识的理解和应用，如文科综合全国Ⅰ卷第26题以"古代中国手工业的发展"为考点，考查宋代民营手工业的发展；Ⅲ卷第31题以"中国特色社会主义建设的道路"为主题，考查学生对改革开放后我国市场经济发展等问题的理解。

高考试题通过对实验基本操作和实验现象的考查，引导中学生重视实验课程，培养学生的动手操作和观察能力。例如，理科综合全国Ⅰ卷第9题考查在生成和纯化乙酸乙酯过程中实验操作名称；Ⅲ卷第22题通过测量人的反应时间考查基本实验原理和操作。

其次，强调知识内化，助益融会贯通

高考为适应新时代对人才选拔培养质量提出的新要求，提出"必备知识、关键能力、学科素养、核心价值"的考查目标，突破了单纯的"知识""能力"或"素养"立意的线性思维，形成了兼具继承与发展、贯通整体且有机的考查目标体系。教育部考试中心命题专家指出，高考强调"必备知识"，并不是进行点对点的单纯知识考查，也不是将它们进行孤立和割裂，更不能通过死记硬背来应对。高考试题将"必备知识"的考查目标置于广阔、丰富的情境中，与能力、素养等考查目标紧密联系在一起，强调学生对必备知识的内化，考查学生在问题解决过程中对必备知识的理解和掌握，促进学生对必备知识的建构、融会贯通和迁移，从而形成具有内部规律和内在联系的整体知识网络结构。

例如，高考语文对名篇名句的考查，不要求学生直接默写相关诗句，而是要求学生在深入理解名篇名句蕴含的思想情感的基础上，结合试题的情境作出判断。如全国I卷的古代诗歌阅读，需要学生将背诵篇目《早春呈水部张十八员外》中"绝胜烟柳满皇都"与试题材料中"寒风又变为春柳，条条看即烟蒙蒙"相比较，学生所调动的知识需要从日积月累的学习中获得。文科综合试题通过创设鲜活的情境，要求学生进行合理的知识迁移，促进融会贯通、举一反三，引导学生改变机械记忆倾向，注重知识间的联系和融合。如全国I卷第24题通过启发学生联系墨家思想代表当时下层劳动群众利益的已有知识，得出《墨子》包含劳动人民智慧结晶的结论，而不是机械考查《墨子》的主要思想和观点。

再次，加强灵活考查，促进真懂会用

高考通过增强试题的灵活性，着重考查学生的思维过程和品质，减少大量刷题、机械训练的效果，让真懂会用的学生脱颖而出，促进学生更加生动、活泼、主动地学习。如语文全国I卷、III卷的第21题用图文转写的方式进行考核，需要学生"读"懂构图特点，分析关键词与思考路径间的整体关系，对学生的综合素养提出了较高要求。又如理科综合全国III卷第36题以近年发表的有机化学研究论文为背景材料，要求学生将新的化学反应与已有的反应相结合，构建解决问题的方案；第22题以常见的课堂小实验为背景，要求学生在反思的基础上提出改进建议，鼓励学生培养发散思维和批判性思维。

教育部考试中心命题专家表示，以高考评价体系为依据，高考坚持知识、能力和素养的有机统一，考主干、考能力、考素养，重思维、重应用、重创新，促进学生融会贯通、真懂会用，助力发展素质教育，培养德智体美劳全面发展的社会主义建设者和接班人。

新高考改革背景下高中历史教学面临的挑战与对策

2014 年 9 月 4 日，国务院颁布了历时三年多起草的《关于深化考试招生制度改革的实施意见》。该实施意见增强高考与高中学习的关联度，考生总成绩由统一高考的语文、数学、外语三个科目成绩和高中学业水平考试各个科目成绩组成。保持统一高考的语文、数学、外语科目不变、分值不变，不分文理科，外语科目提供两次考试机会。从国家颁布的改革文件中，我们可以清楚地了解到，这次改革改变了以往传统文理分科的考试模式，增强了考试的综合性，也就是说，历史科目将会成为一门文理科生混合所学的科目。

一、新高考改革背景下高中历史教学面临的挑战

第一，受传统高考形势的影响，历史学科地位一直较低

在传统高考形势下，学科地位一直处于低迷的形势。初中阶段的历史教学课时少、分值低，多数地区不把历史作为中考的科目，因此，在初中阶段历史学科被作为"小科目"而不受学校和家长的重视。高中阶段，受文理分科的影响及学校和家长重理轻文的传统思想的影响，学校和家长都比较支持孩子学理科。在这样的情况下，学理科的学生认为自己反正不会学文科，历史的成绩对高考成绩不会有影响，从而放松对历史学科的学习；历史教师对于学理科的同学也会抱敷衍的态度，对于教学课件、教学方法往往不加深入研究，只以完成课堂教学的知识目标为主。由此可见，无论是初中还是高中，历史学科的地位都比较低。

第二，新高考改革背景下，学生的个人兴趣与大学专业将限制与影响学生对历史学科的选择

新高考方案的亮点之一便是"专业＋学校"的招生录取方式，统一高考招生中，将逐步取消按成绩高低分批次录取的方式，考生将按照"专业＋学校"的方式实行专业平行投档。"专业＋学校"的投档方式有利于学生根据自己的兴趣、爱好来选择专业，从而避免传统的只见学校不见专业的现象。但相对于大多数考生来说，选择一门实用的以便将来可以找一份好工作的专业远比选择历史专业实惠得多，因此历史学科饱受冷遇。

二、新高考改革背景下高中历史教学的对策

第一，明确教学目的，回归历史学科育人功能

传统高考形势下，历史教学被功利化，大多数学生认为是为了考高分，以便进入理想的大学，只有少数的同学认为学习历史课程是为了提高自身的人文素养。历史教学成为了服务于高考的指挥棒，在高考的压力之下，好的历史课就是能得高分的历史课，好的教学方法就是能考出好成绩的方法，历史教学的三维目标也被大部分老师简单化为如何提高学生的历史分数。在高考的重压之下，历史课堂已经失去了它原本的功能。

聂幼梨老师认为：中学历史学科的课程目标是要学生通过历史学习认识生存现状，不是为了学习历史专业知识，而是为了提高生存智慧，不是为了了解过去而是为了开拓未来。于是，他进一步把历史学科教学的目标浓缩为"知道过去，理解现在，懂得社会，认识自己"。聂幼梨老师的"十六字箴言"告诉我们，虽然

历史课程所讲述的都是过去的知识，但是我们要以史为鉴，通过历史课程的学习为我们能够更好地适应现代社会，更好地认识自己提供借鉴。因此高中历史学科教学的主要目的不是为高等教育培养储备人才，而是要提高公民素养，形成公民健全的人格，促进个人身心的健康发展。

新高考相对来说学习难度、知识量都大大减少，在一定程度上减少了应试教育带来的"分数崇拜"，为历史学科育人功能的回归提供了很好的条件与环境。新高考改革背景下，历史老师在制定教学目标时，既要注重三维目标，更要注重核心素养的培养与落实。精心备好每一节课。在学生认知的基础上，依据教材叙事逻辑，在教师的逻辑上，重新构建知识体系，彰显时代性、人文性，注重历史与现实的有效结合。

第二，优化教学内容，激发学生学习历史的兴趣与热情

伟大的教育家陶行知先生认为：我们的真正指南只是实际生活。实际生活向我们供给无穷的问题，要求不断地解决。我们朝着实际生活走，大致不至迷路。陶行知先生强调"生活即教育，社会即学校"，这就是要求我们在历史教学中，要善于发掘生活中的历史知识素材，注意联系学生的实际生活经验，将历史知识与学生的生活实际紧密联系起来，以此来激发学生学习历史知识的兴趣和热情，并达到"以史为鉴"的效果。例如笔者在实习期间，讲授《新时期的外交政策与成就》一课时，以当时中国正在举办第二十二次 APEC 领导人非正式会议时的一张合影作为导入，引出本课的主题"新时期的外交政策与成就"。在讲授新课时，笔者把新时期中国在推进区域合作中发挥的举足轻重的作用与近代中国被动挨打的历史相比较，使同学们感受到中华人民共和国国力的强盛、国际地位的提高，想必在联系社会热点问题与历史知识的过程中，不但会激发学生历史学习兴趣，也会在潜移默化中培养起学生时代使命感和社会责任感。同时，适当增加乡土史内容，乡土史也就是我们通常所说的地方史。乡土史具有感性、直观、生动等特点，它所涉及的是学生日常生活中最为熟悉的社会生活环境，具有鲜明的地方特色、民族特色，但同时它也是全国历史的一部分，反映着整个国家历史发展的特点。乡土史包含的内容非常广泛，它既包括一个地区的历史传统、文化特征、人口状况、自然环境、经济基础等，也包括本地区的风情民俗、名胜古迹、革命遗址、重要人物和事件等，这些或多或少地都在学生中留下了印记。将历史知识与乡土史内容相结合，有利于激发学生去了解探究历史史实的强烈欲望，也有利于提高学生学习历史的热情。

第三，完善评价机制，注重学生的个体性

在应试教育的影响下，学校和教师通常把测试和考试作为评价学生的唯一方式。测试和考试作为评价学生学业成绩的重要方式，本身是没有问题的，因为考试的优越性就表现在它有助于鉴定、比较和选拔学生。但是测试和考试的评价结果通常是以分数的形式呈现的，如把测试和考试作为评价学生的唯一方式，就不可避免地夸大了分数的作用，以致出现"分、分、分，学生的命根"的现象。实际上，学生的个性已经被简化为分数，学生的进步也表现为分数，学生由一个个活生生的人变为了数字符号。而新高考最为突出的改革是前置了生涯决策，将高考科目的选择权交给学生，并且前置到高一甚至入学之初。高考科目选择，从文理二分到 20 种（6 选 3）或 35 种（7 选 3）自由组合，通过分层走班，选择多元丰富的选修课和活动课，由学生自主"选课"。这些课程、活动、科目的选择，既关系到高中生的未来发展，也影响着他们学习和生活的方方面面。这种无处不在的选择每天都伴随着学生，促使着选择权的回归与着地。这种大的发展背景和趋势，促使教育工作者和家长必须承认每一个个体的存在，关注人的成长。这就要求历史课堂改变纸笔为唯一评价方式的传统，建构一个合理、完整的历史学业评价体系，表现性评价方式则是新的学业评价体系不可缺失的一环。表现性评价也被称为"真实化评价"或"选择性评价"，主要是用来测量那些不能被客观性试题很好地测量的学习结果。具体来说就是运用真实的生活情境或模拟的评定联系来引发被测者的反应，由评定者按照一定标准对这些反应进行直接的观察、谈判，其形式主要包括建构反应题、书面报告、作文、演说、操作、实验、资料收集、作品展示等。

新高考改革扑面而来，认真研究，采取有效对策，势在必行。

参考文献：

[1] 匡双双 . 新高考方案下历史教学的优化探究：以浙江省高考改革为例 [D].2015 年 .

[2] 樊丽芳，乔志宏 . 新高考改革倒逼高中强化生涯教育 [J]. 中国教育学刊，2017(3).

一堂试卷讲评课的反思

2021年9月月考高二19班（年级特尖班）历史考得很不理想，平均分被别的班超越且不说，最让人诧异的是，没有一位同学能进入年级前十名。我窝着一肚子的火，觉得这个班的学生真是太笨、太不认真，太不可思议……

上课铃响了，我几乎是黑着脸走向讲台，二话没说，将成绩单以及一份粗糙的成绩分析单放在投影仪上，让学生自己找自己的成绩。看到考试成绩如此不理想，大部分同学低下了头，我更是气不打一处来，我生气地问学生：这次考试究竟是什么原因呢？和普通班都有一段差距？这段时间，你们的心思都在学习上吗？利用今天晚修的时间，同学们写一份书面的原因分析和下阶段的学习对策，到时课代表统一交上来。然后，让学生拿出试卷，对学生错误率比较高的一些题进行了讲解。整节课很多学生一直低着头，气氛也非常沉闷。课后，我对这节课进行了反思，觉得这是一节很不成功的试卷讲评课。那么，这节课该怎样进行改进呢？

试卷讲评课是历史教学中不可忽视的一个重要环节。优质的试卷讲评课不仅能促进学生巩固知识、发展能力，同时，试卷讲评课的过程也蕴含着促进学生个人素质成长的巨大潜能以及无可替代的其他众多功能。如激发学习动机，培养学生的质疑精神和创新精神，在掌握分析问题和解决问题的过程中总结规律、陶冶情操，在正确的价值评判中树立不懈进取的生活勇气和信心等。这节试卷讲评课，我其实可以利用"学生考试失利"这一契机，培养学生的质疑精神；树立学生正确对待挫折，从而进一步树立不懈进取的生活勇气和信心；激发学生学习动机、促进学生巩固知识、发展关键能力。

一、激发学生的学习动机，促进学生巩固知识、发展关键能力

研究表明，学习动机是将学习愿望转化为学习行动的心理动因，是引发、维持学习行动的心理力量，是直接推动学生学习以达到某种目的的内部动力。学习动机包括外加动机和内在动机。外加动机来自于学习活动以外，如奖惩、家长对学习的督促，学习效果的反馈；内在动机来自于学习主体本身，由内在活动引起，如好奇心、求知欲、学习兴趣、自身个性发展与社会需要等。在教学中如何抓住有利时机，激发学生学习动机，是教师教育智慧的体现。如何利用这次考试的失利来激发学生的学习动机呢？中学生意气风发，自尊心较强，不容易接受批评，但适合采用"榜样示范法"来激发他们的好胜心理。于是，我应该制作两个比较的表格，在投影仪上展示。先是在投影仪上投影出各个班级的平均分，第一个表格是各个班级的平均分，通过数字的比较，让学生感知自身的整体水平；第二个表格是年级前六分之一区间的学生成绩单，通过横向对比，让学生感知自己相应的位置。这样，无需教师反复强调，而是让学生自我感知、自我体验。学生不仅能第一时间找到自己的位置，并能迅速从自己的位置判断出自己在前段时间学习中存在的疏漏，从而产生一种内驱力：在以后的学习中如何克服疏漏，找到更科学有效的方法，争取下一次考试的成功。然后，我再趁热打铁，让学生拿出考试试卷，根据课前我认真分析总结的数据，对试卷进行精讲精评。学生带着问题，有明显的求知趋向。这样，学生就不会觉得试卷讲评课枯燥乏味，而会全

身心投入，既能巩固知识，又能激发学生的能力。

二、培养学生的质疑精神

一个伟大民族复兴的源泉，在于创新精神的培养，而创新精神的动力，则源于质疑精神。"学起于思，思源于疑"，质疑是思维的源头。"小疑则小进，大疑则大进，疑者，觉悟之机也，一番觉悟，一番长进"，但试卷讲评课中质疑精神的缺失已是不争的事实。试卷讲评课若能真正抓住考试和平时学习中的疑点，就能充分调动学生的学习兴趣，形成强烈的探究局面。质疑精神与质疑能力的培养，也能培养学生不囿于常规，勇于判断的能力。这一次月考成绩不理想，我不应忙着指责学生，可以尝试着让学生从以下几点作出判断：第一，质疑学生自身。考试作为对前一阶段知识的回顾与总结，考试结果的失利应该能够反映出一些客观问题，学生不妨通过自己的成绩质疑自己的学习方法是否得当；质疑自己平时的学习习惯是否良好，质疑自己平时是否充分高效地利用好了时间，等等。这一过程，是学生主动质疑自身并反思自身的过程，无需老师严厉的批评，学生自觉地对过往学习行为、习惯、方法进行质疑、反思，从而升华成对未来学习科学的有效探索。第二，质疑试卷的答案。这次月考，老师改卷的参考答案基本上是唯一的，试卷当中有的题是否另有别的答案可供选择？学生的质疑是思维的火花，老师不应简单粗暴地对学生的质疑进行否定，而是应耐心细致地和学生一起探讨，培养学生的质疑思维与品质。

三、树立学生正确对待挫折，
进一步树立不懈进取的生活勇气和信心

人要在社会中获得发展、取得成功，就必须具备适应这个社会的基本素质，并且对未来充满自信心。自信心是心理素质教育的重要内容，它在一定程度上制约着学生的成长和发展。试卷讲评课中，抓住教育契机，培养学生的自信心相当重要。

这次考试学生成绩总体不理想，稍不留神，便会打击到学生，让学生丧失自信心，导致意志消沉、不思进取、自暴自弃，如何利用这次考试，帮助学生正确对待挫折，并进一步树立学生的自信心呢？我主要从以下几点入手：

第一，帮助分析试卷找亮点

不管考分多少的学生，其试卷上一定有亮点，只不过学生很少愿意静下心来找。比如说字迹写得非常工整，比如说主观题答题比以前更为规范等。

第二，和学生一起回看之前的目标

每一次测验之前，不妨尝试着帮学生树立一个目标。并将其以书面的形式置于课桌比较显眼的位置。需要注意的是，制定目标一定不要好高骛远，要结合学生平时的实际。每次测验完，教师尽量抽出时间和需要关注的学生一起回看他们当时制定的目标，是否达成目标了？是否离目标又进一步了？如此激发学生的信心。

第三，搜集成功逆袭的历届学生资料，进行励志教育

每一届高三毕业学生里面，都会涌现出几个因为发愤图强而成功逆袭的案例。这些考生有的是高一高二不怎么勤奋，高三学习态度历经很大转变，通过一年的勤奋苦读，成功考上理想的大学，

有的是进入高三后，认真研磨更为适合自己的学习方法，成功逆袭，将这些身边的师兄师姐的成功案例进行分享，无疑会极大地增强学生的自信心。

　　试卷讲评课看似平凡、简单，实际上却蕴含着丰富的内涵与意蕴，值得研磨与思考！

2009 年高考历史备考策略

2008 年高考已经尘埃落定，2009 年的高考备考已紧锣密鼓地拉开了序幕。面对新高考的崭新面貌，我们如何应对、怎样高效地做好复习备考工作并在高考中赢得辉煌？作为实验区的一名高三一线教师，笔者把自己在复习备考中的点滴做法汇报给大家，以抛砖引玉。

方案一　以课程标准为依据，加强专题史复习，掌握主干知识，构建知识网络

知识是能力的载体。基础知识始终是高考考查的重要内容。因此，在我们面对一标（普通高中历史新课程标准）多本（四套不同版本的教材：人教版、人民版、大象版、岳麓版）的时候，不必惊慌、不必茫然，把握方向，抓好主干，构建网络，夯实基础。

新课程改革后的历史科高考，在一标多本的情况下，高考命题没有去扣任何一个版本的教材，而是充分依据课程标准。因而在复习时，既不能单纯紧扣某一种教材，又要避免可能出现的"合成本""交叉本"，而应依据课程标准加强对主干知识的牢固掌握。

怎样依据课程标准抓好主干呢？首先应明确什么是主干知识，即基本史实、基本概念、阶段特征。课程标准对每一专题的主干知识都进行了粗略的罗列，在复习的过程中，我们必须要对其进行细化处理。

我们的具体做法是：先把课程标准印发给学生，再引导学生参照老师对主干知识进行细化和网络化，自主构建主干知识体系。

方案二　参照 2007 年考试大纲和说明，加强通史复习

2009 年高考的《考试大纲》及其《考试大纲的说明》须到明

年才能出台，而高考对考点的考查应当说是比较稳定的。因此，在复习备考的前期，可以依据 2008 年的考纲和说明，按照考纲和说明确立的通史体例对基本知识进行梳理和整合。

依据考纲确定的通史体例，以及历史发展的时序性、联系性、整体性的特点，在教学中可以按照中国古代史、中国近现代史、世界古代史、世界近现代史、世界当代史的顺序对课程内容进行划分和梳理。以中国古代史为例，可作如下整合：

朝代数轴图：

前 2070 年　　　　　　　　　　　　　　　　　　前 221 年
960 年　　　　　1840 年

夏　商　西周　春秋　战国　秦　汉　三国两晋南北朝　隋　唐　宋　元　明　清

中国古代史
{
政治文明（制度文明）{ 早期政治制度：西周的分封制和宗法制 / 从战国到清朝的政治制度：中央集权的君主专制制度
经济文明（物质文明）{ 传统经济结构：农业、手工业、商业 / 新的经济因素：资本主义萌芽
文化发展（精神文明）{ 主流思想：儒家思想 / 古代科技、文学、艺术
}

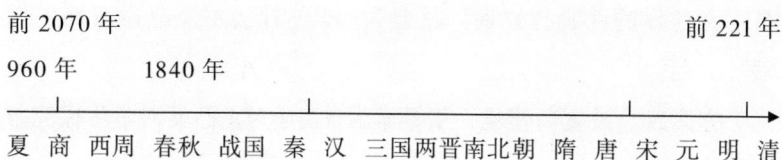

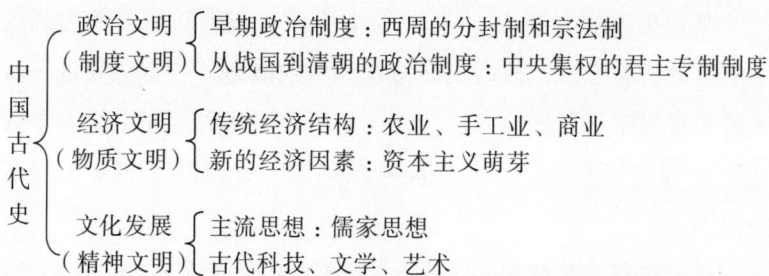

这种整合，既可以培养学生正确的时序观念，又可以深化学生对政治、经济、文化三者之间关系的理解。

方案三　依据考点之间的内在关系加强中外联系

在复习课教学中，我们不仅要引导学生把专题知识体系构建起来，更要对专题史作阶段性分析和横向辐射。一定要引导学生

在注重知识的广泛联系中自主创新，最大限度地注意知识的纵横联系，加强理性思维，构建更加科学合理的知识体系。

例如，在复习时，把岳麓版（必修一）中的"古代中国的政治制度""近代中国的民主革命""从科学社会主义理论到社会主义制度的建立""现代中国的政治建设与祖国统一"整合为"中国政治制度的产生和发展"专题；把岳麓版（必修二）中的"新航路的开辟、殖民扩张与资本主义世界市场的形成和发展"与"当今世界经济的全球化趋势"整合为"世界经济的全球化"专题；把岳麓版（必修二）中的"中国特色社会主义建设的道路"与"苏联社会主义建设的经验与教训"整合为"中苏社会主义建设道路的探索"专题。

方案四　设置新情境，引导学生自主学习，凸显对学生探究方法的培养

课程标准明确指出："要培养学生探究历史问题的能力和实事求是的科学态度，提高创新意识和实践能力。""学生要进一步了解和掌握学习历史的方法，在探究历史问题的过程中要善于独立思考和交流合作，切实提高发现问题、分析问题和解决问题的能力。"

我们在复习课教学中，不能只简单地向学生灌输现成的结论，而应积极创设情境引导学生参与。其方法有：用文字史料，启发学生设身处地、移情入境；用文物、复制品等创设情境，增强课堂的形象性与直观性；用图片、影视资料再现情境，吸引学生注意力，调动其学习积极性；用音乐渲染情境、用表演体会情境，唤起学生情感上的共鸣，以感受、体验历史，进而判断正误、比较鉴别、主动探究；用语言描绘情境，把学生引入丰富多彩的历史舞台，激发其感情、拨动其心灵、引发其深思、发展其智能。

方案五　借助经典试题，精当训练，提升技能

研究高考试题尤其近三年高考试题，是决胜高考至关重要的一环。高考试题堪称经典，它的规范性、准确性、风格的连贯性和统一性、教学的导向性等都是其他各类试题不可替代的。高考命题的特点、改革的走向都是非常明晰的，也会在最近的一两年内得以延续。在复习中，先把高考试题印发给学生，进行练习，领悟高考定位；再把答案和评分标准印发给学生，了解评卷要求；最后总结解题的基本思路和方法。

精心选编训练题，题量要适当，质要精当。重质适量，不搞题海战术，力避时间和精力的浪费，切实练出成效。

掌握解题技巧，特别是要重点掌握四种主观题的解题技能：一是材料题；二是比较题；三是分析题；四是解决问题的题。基本解题思路是：审题、打好腹稿、规范化的文字表述（切忌八股式）。

教学有法但无定法。只要我们在教学中以学生为中心，踏着新课改的节拍，与时俱进，潜心钻研，不断探索，就一定能够在2009年的高考中取得骄人的成绩！

原载《中学历史教学参考》2009年第12期

第四章
时空观念下的历史课堂之美

做美丽的中学历史教师

百年大计，教育为本；教育大计，教师为本。党的十九大明确提出：建设党和人民满意的高素质专业化创新型教师队伍，是落实立德树人根本任务的重要前提和保障。兴国必先强师，教师承担着传播知识、传播思想、传播真理的历史使命，肩负着塑造灵魂、塑造生命、塑造人的时代重任，是教育发展的第一资源，是国家富强、民族振兴、人民幸福的重要基石。而中学阶段作为青少年学生成长的最关键时期，高素质教师的重要性尤为凸显。笔者认为，中学教师不仅要有广阔的知识视野、精湛的教学艺术，还要有良好的道德修养和爱生如子的仁爱之心。

一、以执著之心追求专业之美

教师作为专职教育者，在教育活动中起着主导作用。教师丰富的专业素养，既是学校教学质量提高的重要条件，也是学生健康成长、成才的根本保证。

其一，加强专业学习，提高自己的专业素养

历史作为一门人文学科，有其自身的特殊性。大多数历史结论、历史观点一般带有历史解释的性质，有一定的主观色彩。如何让学生接触到更为客观真实的历史，从历史中获取充足的养分，古为今用，这就要求高中历史教师具备丰厚的学科知识和素养。唯其如此，在平时的历史教学中，老师才能于纷繁复杂的史料中，辨析获取接近真实的史料，在课堂上和学生一起，通过史料实证，向真实的历史靠近。而伴随着 2017 年新课标的即将出台，历史学科核心素养越来越受到重视，历史学科教学要求老师们不仅要教给学生知识与技能，同时要通过平时的教学，给学生以正确的价值观，让学生在学习的过程中获取必备的品格与关键的能力，具备唯物史观、时空观念、史料实证、历史解释、家国情怀等五大素养。今时今日，摆在历史老师面前迫切而现实的一道命题就是：如何将这五大素养在日常教育教学中真正切实落地。而要有效破解这一命题，离不开教师平时的专业知识积累和对国内外历史教学的高度关注。中学历史教师应该坚持在繁重的工作之余，加强专业学习，除阅读相关史学著作以外，更应该认真研读《历史教学》《中学历史教学参考》《历史问题研究》等与教学一线紧密结合的专业杂志，获取最新资讯。坚持将平时的教学实践与理论相结合，撰写教学论文，在实践中思考，在理论中升华。

其二，超越狭隘的功利主义，丰富自己的教育学心理学知识

伴随着科技日新月异的发展，工业社会的"唯发展论""唯效益论"引发的功利主义在教育领域泛滥成灾。作为学生成长中最重要的角色之一——教师，最为必备的一项素质就是：不受社会的各种诱惑所影响，不被各种功利目的所左右。学生如同一颗"种子"，而我们教育者的任务，就是提供给学生必要而适宜的阳光、水分和营养，并保护其不受外力所伤害，使这颗种子能正常地生根、发芽、开花、结果，长成其最好的模样。在平时的教育教学工作中，教师应坚持广泛阅读中外教育学、心理学方面的著作，如《爱弥儿》《正面管教》《自卑与超越》《给教师的一百条建议》等。这些书籍将给予我们智慧，赐予我们热爱教育、热爱教学、热爱每一个学生的力量，引导我们在教学中超越狭隘的功利主义，按照教育教学的基本规律，按照孩子们自身成长的规律，用灵活多元的方法，充分调动每一个学生的潜能，尽自己所能帮着孩子们学习知识、掌握技能、热爱学习，静静地看着孩子们慢慢成长，成长为一个有用之人。

其三，面向未来教育，加强自身修养

未来是"人机共教"的时代，也是教师接受重大挑战的一个时代。虽然教师作为一种职业不会被取代，但并不意味着所有教师都不会被淘汰。如重复性、机械性等工作都将被人工智能所取代。在面向未来教育的过程中，教师急需要做的就是不断学习，及时关注最新技术进展，掌握如何运用人工智能技术来分析教学过程中的案例和问题。因此，在平时的学习中，应及时加强自己在信息技术领域内的学习，并拓展自己的阅读领域，了解学习历史学科以外的知识。

二、用工匠之心创造课堂之美

著名的德育专家檀传宝说过：美学是未来的教育学。由此可见，对于教育者来说，让学生学会欣赏美，让学生学会发现美，提升学生发现美的水平，实在是一件势在必行的事。而学生在学校的大部分时间，都是由一堂一堂的课串联而成；一节美丽的课，犹如一颗珍珠；一颗颗美丽动人的珍珠，串起的必将是学生的美丽人生。历史学科作为人文学科，其学科本身蕴含着丰富的美的元素，如丰满的历史人物的人格美，丰富的历史文物的人文美，波澜壮阔的历史事件的宏观美。作为历史教师，如果简单地以应试考试为指挥棒，传道授业解惑，即使单维度地将学生的学业成绩提升上去了，但如果得不到美的熏陶、美的启迪，学生将失去生命成长中最珍贵的东西。在平时的历史教学中，历史教师应坚持创造课堂之美，充分利用历史学科的丰富的美的元素，发展学生的审美情趣。

三、以大爱之心发现学生之美

常言道："金无足赤，人无完人。"每一个学生，都是一个独特的生命个体，谁也无法保证他的每一个生长节点都是完美无缺的。如果在平时的教育教学中，老师简单地用同一把尺子去衡量学生，单纯地以成绩的优劣去评判学生，用静态的眼光简单粗暴地对学生评价与否定，将会不可避免地造成严重后果，如挫伤学生的学习积极性，扼杀学生的创造力等，影响学生的健康成长。学生既是家庭的希望，更是国家的未来。学生的健康积极的发展，是教育发展的基石，也是强国梦得以实现的强有力基础。而青少年成长的关键期——中学阶段，尤为关键。因此，中学教师要认真、细致地培养学生，像呵护幼苗一样，去呵护学生的成长。以大爱之心去发现学生的美，是新时期教师责无旁贷的任务。在平时的教育教学中，教师应该坚持俯下身子，走进孩子的世界，和孩子倾情对话；在工作过程中，只要我们有足够的耐心去等待、去发现，就能看到任何一个学生都有闪光、动人的一瞬间。

这些闪光、动人的瞬间，有时候是课堂上一句精彩的提问，有时候是班会课上一首亮丽的歌，有时候是球场上潇洒的一跃，有时候是德育处那宝贵的拾金不昧，有时候是书法课上尽情地挥洒，有时候是同学有困难时伸出来的那一双手……当然，这闪光、动人，就是那么一瞬间，像流星，老师稍不留神，它就转瞬即逝。但这一瞬间，对老师和学生来讲，都显得弥足珍贵。对学生来讲，是激励学生前进的强有力的动力；于老师而言，则是教育教学中一个个非常宝贵的教育契机。这些众多的精彩瞬间，就是从学生身上展现出的美。老师像一位农夫，耐心等候着这些精彩的瞬间，发现从学生身上散发出的美，细心地呵护、培育着这些美，在发现中肯定，在肯定中激励，在激励中传播，在传播中影响每一个人，让这些行为慢慢地由一个偶然的行为变成稳定的行为，从一个人的行为变成一个组织中共同的价值追求。而在这些等候与呵护的过程中，我们在孩子们身上也体验到了美，自己也学习并享受着成长之美，享受着教师这一份职业的幸福感。

随着人们对教育期望的提高，对教师的期望也越来越高，所有这些期望最终又转化为对教师的素质要求。做一名新时代下的美丽教师就应该用自身之美、知识之美、思想之美去启迪智慧，融化冰霜，播种精神，生长绿芽。

参考文献：

[1] 丁翀.高中历史教学中的家国情怀教育探析［J］.广西教育，

2017.

[2] 梁佳斌. 高中历史教学中的家国情怀教育 [D]. 成都：四川师范大学，2015.

[3] 连宁丰: 高中历史教学中如何培养学生的思辨能力 [J]. 西部素质教育，2017.

[4] 谢芳青. 高中历史人物教学与健全人格教育的教学实践探索 [D]. 南昌：江西师范大学，2005.

挖掘历史课堂之美

著名德育专家檀传宝说："美学是未来的教育学。"所以，对教育者来说，必须让学生学会发现美、欣赏美。历史学科蕴含着丰富的美的元素，如丰满的历史人物的人格美，丰富的历史文物的人文美，波澜壮阔的历史事件的宏观美。作为历史教师，如果简单地以应试为指挥棒，即使单维度地将学生的学业成绩提升上去了，却得不到美的启迪与熏陶的话，学生将失去生命成长中最珍贵的东西。所以，在教学中，历史教师应坚持创造课堂之美，充分利用历史学科美的元素，培养学生的审美情趣与品位。

一、感受历史人物的人格之美

历史教育是一种特殊的"人学"。成熟的历史教育，以完善人格为最高目标。养成健全的人格，不仅是历史教育的基本目标和任务，还是历史教师在新课改大潮中必须认真探究的问题。而历史教学在培养学生健全人格方面有着其他学科无法比拟的优势。在历史教材中，书写了很多从古至今推动社会和历史发展的伟大人物，他们往往都具有高尚的人格。例如，"路漫漫其修远兮，吾将上下而求索"的屈原；"匈奴未灭，何以为家"的霍去病；"精忠报国"的岳飞；抗击倭寇的戚继光；"天下兴亡，匹夫有责"的顾炎武；打败荷兰殖民者、收复台湾的郑成功；"驱除鞑虏，恢复中华"的革命先驱孙中山……这些圣贤的人生价值取向能够为学生树立良好的榜样。学生的心灵在受到伟大人格熏陶时，其高尚、积极的一面易被激发，经过反复强化慢慢沉淀下来，成为他们人格的一部分。教学中，介绍历史人物如果不全面，就无法引起学生的共鸣，就无法让学生更好地理解历史人物的思想、成长历程及其丰功伟绩的创建过程。从这个意义上讲，对历史人物形象进行丰富生动的描述，对培养学生健康的心理素质和完善的人格，具有非常重要的意义。在教学中，可以通过幻灯片展示、学生声情并茂的朗读、老师的叙述，向学生们充分展示这些伟大人物的人格美，必要时甚至可以大胆尝试将历史情景剧引入课堂，通过学生自己编排、自己导演、自己出演的形式，让学生回到过去的时空，体验伟人的人格美，引起学生的共鸣。

二、探究历史的思辨之美

思辨能力是促进学生全面发展的重要元素。历史课上培养思辨能力的重要方式是提出疑问，在巧设问题的同时，引导学生思考相关历史知识，明确历史文化的内涵。教材中提供的大量图片、史学争鸣、资料卡片、知识链接等都可以用来创设情境，精心设计问题。例如，笔者在引导学生学习人教版《历史·必修》第二册专题八"当今世界经济的全球化趋势"的"发展亚太"中的"步步发展的亚太经合组织"这一知识时，就通过教材第138页的一幅图片（2001年10月在上海举行的亚太经合组织第九次领导人非正式会议及教材中的资料卡片）创设情境，并设计了以下几个问题：①你认为中国参加亚太经合组织对亚太经济的发展有何影响？有什么重大意义？②你认为亚太经合组织的特点有哪些？它是怎样排除障碍，促进各成员经济发展的？通过教材中提供的图片等创设情境，引导学生积极参与交流、思考，让学生理解亚太经合组织的特点和原则，以及中国加入该组织所产生的影响和意义。这样，有利于落实新课标对注重培养学生运用知识解决问题能力的要求。

三、挖掘历史事件的主题之美

例如，高一《新民主主义革命》这一课内容繁杂、抽象，但所涉及的历史事件中蕴含的主题之美，对学生爱国主义培养有着很大意义。我们可以充分利用现代化多媒体技术，将地图、音乐、图片以及视频等教学资源进行有效融合，创设生动真实的教学情境，让学生回到多灾多难的近代中国，感受民族危亡关头国人的艰难与责任，并通过老师声情并茂的历史叙述，让学生充分感受其中的情感，同时更加深刻地理解历史，感受历史事件的主题之美，引导学生树立民族意识和国家意识，促使学生将个人荣辱与国家命运进行融合，有效地开展以"天下兴亡，匹夫有责"为主要内容的爱国主义教育。

四、体验本土历史的乡土之美

我国历史悠久，文明璀璨，由此也形成了丰富的乡土历史资源，成为我国民族灵魂的缩影。正如李大钊先生在《史学概述》里说："我们所研究的，应该是活的历史，不是死的历史；活的历史，只能在人的生活里去得，不能在故纸堆里去寻。"可见，乡土历史生动翔实的内容，本土历史的直观性、生动性、形象性，更能有效拉近学生与历史的距离。面对乡土知识的了解，也是对学生进行家国情怀教育的有效途径之一。家国情怀是一种深层次的情感归属，是帮助学生树立对祖国、对民族、对世界的认同与热爱，从而产生强烈责任感，这是现代公民必备的一种素质。但这种情感不是通过教师简单的灌输能够完成，而需要学生主体进行自主构建。因此，在平时的历史教学中，教师应该充分发挥学生的自主意识，充分调动学生在教学中的主体地位，结合教学内容和学生的特点因材施教。例如，在高一历史"辛亥革命"的教学中，教师可以组织学生去参观黄花岗七十二烈士墓园，让学生切身感受到先烈的英勇；带领学生参观孙中山故居，从孙中山先生的衣食住行中体验伟人的爱国情怀、高风亮节，引导学生体验乡土历史的美，实现家国情怀教育。

原载《湖南教育》2019 年第 2 期

课堂观察，让听课评课走向实效

　　课堂观察是观课教师带着明确的目的、凭借自身感官（如眼、耳等）及有关辅助工具（观课量表、录音、录像设备等），直接从课堂情境中收集资料，并依据资料作相应研究，并进一步在此基础上谋求学生课堂学习的改善，促进教师发展的一项专业活动。众所周知，"课堂"是学校一切活动的核心所在。新课程聚焦的是课堂，教师的真本领显现在课堂，学生更是离不开每日学习的课堂。如何提高课堂的有效性，让教师更好地教，学生更优质地学，这是一线教师一直着力探讨研究的一个问题。听课评课作为教师在日常教学活动中不可或缺的一项重要教研活动，是教师研究课堂教学、提高业务能力的最有效途径，也是教师成长最快、最有效的途径之一。然而，在日常的听课评课中，由于教师自身对听课评课认识不足以及外在的保障体制的缺乏，导致教师"虚假听课"，教师在听课评课中收获甚少甚至没有收获，以致听课评课在中小学日常的教学教研中发挥的作用很小。而课堂观察凭借其明确的针对性、科学性、合作性、实效性等特点，能让日常的听课评课走向实效，既能有效解决教学中出现的问题，提高教学的有效性，又是一条提高教师专业素质的有效途径。

一、课堂观察的操作程序

　　传统的听课评课，往往因为听课评课的主体认识不足，不少老师甚至将其作为学校的一项常规任务被动去完成，缺乏主动性与探究性，再加之传统的听课评课缺乏外在的保障体制，导致传统的听课评课在更多的情况下仅仅流于形式而无法取得实效。其操作程序又不免过于简单，无法对课堂进行深入观察，仅仅将探讨研究的对象局限于课堂本身，很难形成对课堂文化的整体探究，从而无法有效促进教师专业素养的发展。因为听课过程的随意性与空泛性，直接导致评课环节的主观性。老师们平时抬头不见低头见，谁都不愿意得罪谁，评课环节往往陷入争相说好话的失真局面，无法通过评课环节及时发现课堂的问题，从而失去通过对问题的有效解决与反思，达到有效促进学生学习的目的。与传统的听课评课相比，课堂观察呈现以下几个鲜明特点：1. 观察者从听课个体走向了观察合作体；2. 观察内容从描述课堂表象到分析关系缘由；3. 观察工具从公共听课量表到自主选择、开放观察工具；4. 观察结果从监督评级到共同发展。课堂观察的诸多特质，使听课评课由被动转向主动，由流于形式走向有效探究。

　　课堂观察的程序一般分三个阶段：课前、课中、课后，也有学者从任务、性质出发将其命名为准备、观察、反思三个阶段。课前阶段的研究重点在于观察点的确定、观察量表的设计、记录方式的选择。观测点的确定遵循想观察、可观察、可记录、可解释的原则。课中观察阶段的任务比较明确，主要是看、听、记、思。主要探讨如何进行有效的观察以准确、详尽、有针对性地记录真实课堂。课后反思则包括评课会议和教师个人反思两种方式，评课会议通常在课后及时召开，由教师自陈和合作体集体评课构成，强调多帮一；教师个人反思则可以在课后较长的时段中进行，授课教师和观察者都可以通过回顾、反思整个课堂观察活动获得专业发展。

二、课堂观察的实践

本学期高二历史进入一轮复习。一轮复习是整个高中阶段历史学习的关键基础，很大程度上关系着高考的成败。如何让一轮复习课更科学有效、更符合学生的身心发展规律，是摆在高二老师面前一项现实而刻不容缓的任务。与此同时，一轮复习中不可避免地要进行较大强度的常规训练，而提高学生解题能力不可或缺的一环就是：如何提高试卷讲评课的有效性。基于现实的需要，本学期高二历史学科组分别推出了两堂公开课：彭志菲老师的一轮复习课《鸦片战争》，许莉莉老师的月考试卷讲评课。对于这两节课的观课，学科组整体规划，改变了传统的授课教师精心准备，听课教师仅仅简单地凭借一本听课本，课后程序化评课的常规模式。课前学科组召开会议，就即将推出的公开课进行集体讨论，确定观察点，设计观察量表。每位老师专项负责各自的观察点，授课教师向观课教师介绍学生详细情况，包括学习能力强与弱的学生在教室的具体分布位置、学生的学习基础、学习能力等，同时向观课教师讲解自己将要在课堂上力求突破的重点和希望通过课堂实现的目标。比如，观察黄昕老师一轮复习课《鸦片战争》一课时，许莉莉老师负责观察核心素养的落实，李永昌老师负责观察师生的互动情况，蔡丽丽老师负责观察学生的解题能力是否得到有效提高，栗辉老师负责观察课堂结构是否简要完整、符合逻辑性。带着目的和明确的观察任务，老师们在观课的过程中更为耐心、细致，课中的观察得到及时的记录、分析。课后，及时召开学科组会议，就观课情况进行反馈、反思，首先是授课教师进行陈述，就本节课的主观预设与客观生成之间的反差进行反思，发现课堂教学中存在的问题，然后观课教师分别对各自负责的观察点进行客观的陈述与评价，摒弃套话，对课堂进行客观的评价，重点指出存在的问题，共同探讨解决问题的措施。

三、课堂观察的效果

课堂观察包括课前的认真细致周全的准备、课中有目的的观察、记录、课后理性的反思、分析与探讨。作为一种学科组全员参与的活动，在以下三方面取得显著成效：

第一，有利于促进学生有效的学习

课堂观察，观课教师通过认真观察，对教学中授课教师在教学过程中、教学方法上以及学生在学习过程中出现的问题进行了解、记录，并于课后的反思会议上反复讨论、研磨、探究出解决方法，能有效解决上述所述问题，并形成规律性的认识，从而促进学生有效地学。如在《鸦片战争》一课中，观课教师发现学生对"反映"类的选择题比较棘手，而授课过程中授课老师又没有引起注意，成为课堂忽视的一个环节。在课后的反思会议上，观课老师抛出此类问题，老师们对"反映"类的选择题进行集体探讨，形成共识。反映类的选择题在近几年全国卷的高考试卷中年年出现，是一道非常重要的考查题型，主要考察学生初步运用辩证唯物主义和历史唯物主义的观点分析历史现象和历史事物本质的能力，学生对此类选择题的困惑主要在于无法厘清历史事件现象与本质的区别。在教学过程中，教师应有针对性地加强对此类题的训练，专门设计此类选择题，加强错题讲解，突破学生对历史现象与历史本质的掌握。诸如此类，通过观课，发现教师教学存在的问题，再通过对所发现问题的分析、解密，探讨、研究解决对策，为学生有效地学提供了很好的途径。

第二，有利于促进教师的专业发展

"百年大计，教育为本，教育大计，教师为本"。教师的专业发展，不仅是教师自身发展的需要，更是教育发展的必不可少的基本保障。而简单机械的重复性的教育生活，往往会让教师陷入职业倦怠的误区，不利于教师的专业发展。可如果将课堂看作教育的基本细胞，通过课堂观察，采取集体合作的方式对课堂进行研究、探讨，不仅能激发教师对课堂的兴趣，从而引发教师对学生、对教育的深厚的兴趣与热爱，更能通过专业的实践、思考、理论的形成，再回到实践，让教师在实践与思考中升华，促进教师的专业发展。

第三，有利于合作文化的形成

教育比其他任何一个行业更需要合作，单打独斗永远无法使教育走向成功。近几年，随着经济建设与科技成就突飞猛进的发展，功利性的意识与做法已悄然渗入教育领域，"唯分数论""唯录取率论"在不少地区成为不少高中阶段学校追求的目标。这种错误的导向不仅将教育引向了歧路，使教育背离了其育人的初衷，更是让老师之间为了所谓的"竞争"而追求所谓的"效率"，引发教师之间的离心离德，无法形成良性的合作。而教育的使命在于育人，促进学生生命的健康发展；教育的过程要求学校、家庭、社会的有效配合、综合影响，更离不开教师之间的良性合作。传统的听课评课机械地将这一过程割裂为授课者与听课者两部分。授课者负责讲课的部分，听课者负责听课与评课的环节，使整个过程分为主者与他者的部分，无法形成有效的合作。而课堂观察将整个课堂作为一个整体进行观察与研究，授课者、观课教师、学生、课程知识等形成一个密不可分的整体，而在研究这一整体的过程中，各方因素因客观需要不得不加强合作。长此以往，合作的文化在师生之间、教师之间逐渐形成，并以此为中心往外辐射，形成合作文化圈。

课堂观察作为一种新型的观课模式，在实践过程中仍然有不少问题亟待改进，其完善还需进一步努力。

参考文献：

[1] 邵光华，董涛. 观课与教师专业成长 [J]. 中小学教师培训，2004(3):6-8.

[2] 明建平. 语文教学如何进行有效的听课评课：观"重庆首届中学语文高效课堂展示暨研讨活动"有感 [J]. 新课程（教师版），2013.

借助小组合作学习，优化中学历史线上教学

相较于线下教学，线上教学有着明显的优势。比如：线上教学能有效整合更丰富、优质的资源，充分实现交流互动与合作；同时，线上教学让学生在一定程度上摆脱时空的限制，能有效给予学生更自由的学习空间，从而有利于提高学生的学习自主能力，使学生的主体地位充分体现成为一种可能，等等。但毋庸置疑的是，摆脱了时空限制的线上教学，对于部分学习能力和自我约束能力稍弱的学生来说，则往往容易在线上教学中迷失方向，无法实现真正意义上的有效学习。而如何充分调动学生线上学习的积极性，充分利用线上教学优势，让交流合作真正实现，从而最终实现由学生对知识的自主构建，小组合作学习不失为一个比较理想的措施与途径。

一、科学构建小组，为线上交互学习提供有效载体

与线下教学不同，线上教学学生远离了教师的视线范围，学生的学习状态、学习状况教师无法第一时间获取。而受年龄、认知水平、学习习惯等因素的影响，部分中学生并不具备足够的自我约束能力。因此在线上教学过程中，不少学生控制不住玩手机，甚至沉迷于游戏。究竟该采取何种措施防止学生"掉线"或"离线"，确保学生"在线"？笔者在线上教学实践中，采取小组合作学习的方式，将班级细化为小组，以小组为载体，不失为一个比较理想的办法。当然，小组的构建必须建立在充分认识学情之上，并遵循教学规律，科学构建。为此，笔者以学生的成绩高低、能

力强弱作为小组划分的根本依据。一般情况下，在建立合作学习小组时每个小组应同时有高、中、低三个层次的学生，在此基础上，根据他们的性格特点、性别、成绩等进行个别调整，以实现班级中所有学习小组的最佳组合，遵循"组间同质，组内异质，优势互补"的原则，要让学生做到"四个明确"。"四个明确"就是：明确小组合作的方式，让学生学会合作；明确每个组员的任务，明确方法，学生只有明确了方法，才能学会合作；明确竞赛规则，只有明确了组间的竞赛规则，才能使学生参与合作中的竞争学习。学习小组的科学构建，使学生由单个的学习元素转变为学习群，既能防止克服学生在学习过程中的孤独感，同时也作为一个有效载体，在学生与教师之间建立起无形的联系，帮助自我约束能力较弱的同学克服惰性，积极主动参与线上教学。

二、精心设置问题链，让线上学习任务更加明确

众所周知，小组合作学习在教学实践过程中，稍有不慎，便会流于形式，陷入表面热闹，实际低效的窠臼。而如何让小组合作学习真正发挥出其应有的效果？美国学者约翰·M.凯勒设计的ARCS动机设计教学模型不失为一个新的思路和方向。约翰·M.凯勒在对课堂教学中如何运用该模型激发学习动机进行研究，形成的认识是可以围绕四个因素激发和维持学生的学习动机。这四个因素即注意力(Attention)、切身性(Rele 原 vance，又称关联性)、自信心(Confi 原 dence)和满足感(Satisfaction)。而在教学中精心设置问题链，不仅能让线上学习任务更为明确，而且能通过激发、调动学生的注意力、切身性、自信心，让学生获得满足感。笔者

在讲述岳麓版（必修二）《罗斯福新政》一课时，就将所授内容根据学生的认知逻辑和教材介绍逻辑，精心设计问题链：1. 罗斯福新政是在什么背景下出台的？2. 罗斯福新政主要通过采取哪些措施试图来应对经济危机？取得了怎样的效果？3. 罗斯福新政"新"在哪？其在有效应对经济危机的同时，将会对原有的三权分立体制带来哪些不良冲击？4. 罗斯福新政对西方国家产生了怎样的影响？问题链的层层设问，既紧扣了教师所授内容，又紧扣学生认知逻辑，激发了学生的求知兴趣，吸引了学生的注意力，从而有效激发了学生的学习动机。学生以小组为单位，以问题链为主要目的进行充分的交流、合作、探究，在老师的帮助和引导下，逐层探究，由浅入深、由表及里，在历史中徜徉，又对未来进行展望。教材在对罗斯福新政评价时，仅仅点到为止，并没有深入探讨其对美国建国初期所确立的三权分立体制所带来的无形冲击。而问题链的设计，让学生感知到了突破教材的束缚，借助比较可信的史料可能地去接近历史事件与历史人物的真相，是一个很有趣的过程。同时也让学生收获到，历史远远不是教科书的简单呈现，更不是某个史学家的简单定义。历史真实地存在过，但其只是默默地待在历史的长河中，需要我们努力去接近它的真实。在这里，学生收获的不是碎片化的、记忆性的知识，而是一个动态的历史发展过程。

三、实行多元评价，激励学习过程，优化学习任务

真正意义上的教学并不是简单地追求知识的记忆，不是简单地追求结果，而是服务于学生的发展，为学生的成长奠基。因此，注重过程、科学有效的课堂评价体系在很大程度上能够激励学习

过程，优化学习任务。

（一）评价主体的多元化

传统的课堂评价往往片面地以教师为主体进行评价，学生仅仅作为被评价的对象而存在。不可否认，此种课堂评价方式确实能在一定程度上反馈出教师的教和学生的学，但很明显的是，单一维度的评价方式无法兼顾到不同层面的学生，而其最不利的影响就是无法充分调动学生参与学习过程的积极性，从而无法真正体现出学生的主体地位，学生的学习效果也大打折扣。为此，笔者在线上教学过程中改变单一的以教师为主体的评价体系，借助小组合作学习，以小组为载体，实行小组组员互评和学生自评等多种评价方式。如在讲述岳麓版（必修二）《罗斯福新政》一课时，以教师设置的问题链为依托，对回答问题的有效性以小组为单位，小组成员进行互评。中学生处于求知欲相对旺盛的阶段，加之青春期的孩子，特别想在异性面前展现出最美的一面。故而这一互评在线上掀起了一股交流合作的热潮，虽然隔着屏幕，不在同一空间，但学生的学习热情高涨，在交流中碰撞，于碰撞中升华。但一味表面的喧哗则容易让思维空窗，这是历史学习无法容忍的一种现象。加之线上教学资源的丰富，更要求学生能做出理性判断，批判性地接受新知。因此，笔者刻意设置学生自主评价的方式。如在讲述岳麓版（必修二）《罗斯福新政》一课时，笔者抛出问题，要求学生对自己所答内容进行评价。这一评价方式，让学生从喧嚣中冷静下来，理性思考，客观判断。

（二）评价结果呈现的多元化

传统的课堂评价往往以单一的方式呈现，比如给学生一个分数，或者一个等级。评价结果呈现的单一化不仅在一定程度上挫伤学生的学习积极性，而且不利于学生的身心发展，可能会无形中使得教育被功利化绑架，使得部分学生错误地以为，学习的主要目的是一个比较理想的分数，一个比较理想的等级；以为超过了身边的同学就是胜利。因此，在线上教学过程中，评价结果除了以分数、等级呈现外，我会以小组为单位，增加进步之星、合作之星、帮扶之星等鼓励性荣誉。教育的魅力在于其"润物细无声"，学生在教师的引导下，通过自己的努力，摘取老师特意设置的一颗颗"星"的同时，也在心底播下了一颗颗宝贵的种子。

信息技术飞速发展的今天，教育绝不能超然事外，简单地作壁上观。但是，技术终究缺乏温度，教育的本质目的在于育人，因此，炙手可热的线上教学绝不能简单地依赖技术，而应该借助信息技术，让线上教学保持教育应有的温度，让教育为"人"服务，让教育真正实现"立德树人"的使命。

优化课堂提问，培养学生高阶思维

——以《新航路开辟》一课为例

《国家中长期教育改革和发展规划纲要（2010—2020 年）》中明确指出："培养学生应坚持能力为重。优化知识结构，丰富社会实践，强化能力培养，并着力提高学生的学习能力、实践能力和创新能力。"要实现这一目标，就要求我们日常教学中必须注重培养学生的"高阶思维"。

1956 年，本杰明·布鲁姆在其文章《教育目标分类：认知领域》中提出认知领域教育目标分成六个层次：识记、领会、应用、分析、综合、评价。2001 年，洛琳·安德森等人对此分类法进行了修订，提出了新的分类法：记忆、理解、应用、分析、评价、创造。此法被称为"布鲁姆学习目标分类法 2001 版"，其中记忆和理解属于"低阶思维"，应用、分析、评价和创造则属于"高阶思维"。

但纵观平时的中学历史教学，不难发现，在对学生的高阶思维培养方面，仍然存在不少问题。如：教育过程中高阶思维的边缘化；教育过程中高阶思维的机械化；教育过程中高阶思维的碎片化，等等。有关思维科学的研究成果表明，问题是思维的起点，是一切创造的源泉。精彩的课堂提问是打开学生思维之门的万能钥匙，是学生思维快速发展的催化剂。可见，有效的课堂提问不失为培养学生高阶思维的理想途径之一。但在实际教育教学中，课堂提问不能简单而为之，要具备科学的设计理念，明确的设问目标，要遵循学生的认知基础和认知规律。设问要以逻辑关系为基础层层递进，否则，不仅达不到应有的效果，反而会导致学生思维障碍，引发学生思维模糊。而如何优化课堂提问以有效培养学生的高阶思维，已成为一线教师关注并重点探讨的问题。笔者以《新航路开辟》一课为例，谈谈自己在实践中的具体做法。

一、于知识的生长点设问，再造思维的情境性

知识的生长点是指与新学知识关系密切的已学知识，它有利于学生进一步建构新知识。史密斯曾说过：学习了新知识，就意味着你把新知识与已有知识联系起来。而作为提问者的教师，就是要通过提问为学生架起这种联系的桥梁。由此可见，提问的意义不仅仅在于学生对某个问题本身的回答，更重要的是帮助学生在新旧知识间搭建起便捷通道，促进学生对知识进行自主建构。

在讲述"新航路开辟的背景"时，考虑到学生对15世纪欧洲这一时代并不熟悉，但"人"对于财富的追求这一动机，学生不仅比较熟悉，而且有相关的认知作为支撑。为此，笔者精心挑选史料，并设计表格，从"人"的角度，精心设问。

材料一：

哥伦布认定地球是圆的，且海洋的面积远小于陆地的面积，因此往西航行能更快抵达印度。他借此先后游说英国、法国、葡萄牙国王支持自己的西航计划，结果未得到支持。

由于他的西航计划流散到社会上，引发人们对哥伦布的嘲讽，连无知的儿童也被教唆取笑他。

材料二：

1492年，西班牙伊莎贝拉女王决定支持哥伦布，与其签订《圣塔菲协定》，主要内容如下：授予"唐"的贵族头衔，任命为发现和

取得一切岛屿和大陆的海洋元帅，后代可以世袭；任命其为那些地区的副王和总督；获得领地内各种财富的 1/10，并一概免税；在新领地内有商务裁判权，并有权对开往新领地去的一切船只投资、控股、分红 1/8……哥伦布几乎得到了他想要的一切。

设问：新航路的开辟是 15 世纪欧洲时代的选择，时代的推动。但今天我想换一个角度——从"人"的角度来分析新航路开辟的原因。

其实"人"的选择就是历史的选择。人为什么做出这样或那样的选择？作家茨威格说过："每当有重大发现或创造时，缔造者总是要人相信他们是受道德驱动，而实际上通常是出于物质的动机。"（茨威格《哥伦布评传》）。他把个人选择的根本动因完全归结于人的主观物质欲望。

对此，你有何看法？

通过对以上两段材料的解读，学生在自己的认知基础上，比较容易了解到，在这次远洋航海中，航海家们主要付出的是知识和勇气，他们希望通过此次艰辛而冒险的远洋航行，获得财富、社会和个人价值的实现。在这段教学环节中，学生接触到的不再是遥远而冰冷的历史，而是近距离看到一群鲜活的水手和航海家，在现实的物质利益和精神上的追求（含精神利益和价值观念）。在两者不可或缺的情况下，克服各种困难，去挑战并最终完成这一航海史上的壮举。

在教育教学实践中，只有运用学生已有的"记忆"和"理解"的知识，才能分析和迁移出更加接近事物本质的知识，以及知识之间的逻辑关系，通过逻辑关系将知识串联起来，形成完整的知识链，从而从情境中体验知识的生成，突破"记忆"和"理解"的局限，深入问题的本质，实现高阶思维的训练和培养。

二、于知识的冲突处设问，体现思维的开放性

古人云："疑是思之始，学之端。"这就是说，质疑是思维的导火索，它能使学生的求知欲由潜在状态转入活跃状态，进而点燃学生思维的火花。课堂上教师设问要抓住时机、灵活把握，追问于学生思维的冲突处。教师的职责不是把成熟的答案告诉给学生，而是要激发学生认知的冲突。教师要在思维的矛盾中追问，造成悬念，使学生产生欲答不能和欲罢不忍的心理。在学生思维的冲突处追问，不仅能对教学起到承上启下的作用，而且能激发并维持学生良好的学习状态。一般说来，学生在接受知识的过程中，一些知识的交叉点、融合处往往是理解和深化知识的关键，在此处设问，可引发学生多角度、多层次去思考问题，为理解和深化新知识扫清障碍。

例如在讲述"新航路开辟的影响"时，笔者精选了一幅图片（见本书81页图片）。

设问：这是今天坐落在菲律宾的一对纪念碑，远处的是1555年西班牙人为纪念麦哲伦而树立的麦哲伦纪念碑，近处的是1952年菲律宾为纪念杀死麦哲伦的酋长拉普拉普树立的英雄纪念碑。

该问题激发了学生强烈的求知欲：为什么有的人在纪念环球航海英雄？有的人却在纪念杀掉航海英雄的英雄？通过教师的启发，学生终于明白，这实际上反映了一对矛盾：殖民者和殖民地人民之间的矛盾。新航路开辟给殖民者带去了巨额的财富、无尽的利益，但是，却给殖民地人民带来了深重的苦难。

三、于知识的持续建构处设问，强化思维的整体性

教学过程是师生情感交流、知识共享的过程，既包括预设性生成过程，也包括非预设性生成的过程。课堂是一池活水，是长满无数种可能性的生命体。当课堂教学中，学生的思维朝着教师非预设性的方向发展时，恰恰是最宝贵的教育时机，而教师如果忽视了这一宝贵的教育机会，不仅是课堂教学的遗憾，而且无法进一步促使学生的思维整体性发展。

例如在讲述"新航路开辟的影响"时，不少学生的答案已经超出了教师的预设。为此，笔者迅速做出调整，在已有的材料基础上，精心设问：

新航路以后的几百年里，人类逐渐建立起以欧洲为中心的世界体系。体系中的各国在地位上存在严重的差异，这种情况一直持续到现在。虽然呼吁国际关系平等化、民主化的声音不绝于耳，但现实中总是雷声大雨点小。2018年，中国提出建立"人类命运共同体"的观念。

设问：请结合材料思考：中国此举能否避免"欧洲模式"的重演？（请从"现实利益"与"价值观念"两个角度进行分析。）

问题抛出后，学生讨论得非常激烈，最后师生总结："人类命运共同体"是中国政府的智慧之举，也是世界人民的美好愿景，再次彰显中国智慧。但是，这也将是一个比较艰难的过程，要实现这个美好愿景，需要全世界人民的共同努力，当然，也需要我们在座各位的共同努力。

良好的课堂提问，不仅有利于激发学生的学习积极性，同时，在培养学生的高阶思维方面，有着不容小觑的作用。但在平时的

教育教学中，良好的课堂提问要求教师要有先进的教育理念，紧扣学生的认知水平和认知经验，教育过程中始终保持开放的心态，采取机智的教育行为。

参考文献：

[1] 杨建英.小学语文教学中高阶思维能力的培养策略［J］.江苏教育研究，2019(28).

[2] 李明远，彭华清.有效追问，演绎课堂教学精彩［J］.辽宁教育，2018(17).

[3] 汤明清.指向高阶思维的课堂提问策略探究［J］.基础教育课程，2018(19).

信息技术与高中历史学科整合的实践

北京师范大学现代教育技术研究所何克抗教授认为：所谓信息技术与学科课程的整合，就是通过将信息技术有效地融合于各学科的教学过程来营造一种新型教学环境，实现一种既能发挥教师主导作用又能充分体现学生主体地位的以"自主、探究、合作"为特征的教与学方式，从而把学生的主动性、积极性、创造性较充分地发挥出来，使传统的以教师为中心的课堂教学结构发生根本性变革，从而使学生的创造性精神与实践能力的培养真正落到实处。整合包含三个基本属性：营造或建构新型教学环境、实现新的教与学方式、变革传统教学结构。这三个属性是逐步递进的关系，是为了最终达到创新精神与实践能力培养的目标。近年来，笔者充分运用现代教育技术，开展信息技术与高中历史学科教学整合的实践和探索，以信息技术环境下探究性学习模式的实验研究为突破口，促进了教学方式和学习方式的转变，促进了教师和学生双主体的共同发展，培养了学生自主、合作学习的能力、搜集和处理信息的能力和探索发现的创新精神。

一、信息技术环境下历史探究性学习的模式描述

笔者依据建构主义学习理论及建构主义学习环境相适应的教学模式和目前已成功开发出的、比较成熟的教学方法，结合历史学科的特点及教学实践，构建出历史学科信息技术环境下基本的教学模式，表述为：创设情景—提出问题—自主探索—查找信息—协作交流—问题解决—迁移运用—拓展延伸。

1. 创设情景，提出问题。在探究性教学过程中，学习就是基于真实问题情景下的研究探索的过程，就是解决实际问题的过程，问题和任务构成了学习的核心。因此，学习任务的设计是整个教学设计的核心和重点，要与学生的日常生活紧密相关，结合教学需要，可以由教师口头提出或综合利用视频、音频、图片等多媒体信息技术来呈现问题，应综合使用多媒体信息技术，使任务情景、问题的设置更形象、直观。

2. 自主探索，查找信息。在以学为主的教学活动中，学生自主学习是在面对大量信息的基础之上进行的。为了使学生完成对问题的理解、知识的应用，学生需要知道有关问题的详细信息，并需要学习必要的预备知识，因此在教学设计时，教师必须详细考虑学生要解决这个问题需要查阅哪些信息、需要了解哪方面的知识，为学生提供学习资源。在这个阶段，教师要给学生足够的时间，使他们能进行充分的探索，并及时记录所找到的信息。

3. 协作交流，问题解决。经过独立收集、整理信息和自主学习阶段之后，学生回到学习小组之中，通过网络学习环境中的资源支持、情景支持，利用获取的信息、掌握的新知识对问题的理解进行广泛的交流，将所学知识进行外化，新知识在原有知识的基础上得到巩固和应用。他们利用各种学习认知工具交流协作学习，充分体现了新课程标准提倡的合作、探究的学习方式，自主性和创新精神得到充分体现。

4. 迁移运用，拓展延伸。信息技术给学生虚拟一个展示自己的生活空间的平台。学生可以使用微信群、QQ群、钉钉班级群等交互工具，把自己的想法和作品展示、发表出来，以此激发自己去完成题目的热情，获得探究、发现、解答后成功的喜悦。在此基础上，教师可以运用网络环境中的素材和资源，为学生创设可以使用所学方法的情景，引导学生在情景中积累知识和运用方法，以此促进学生对知识的迁移。

二、信息技术下高中历史探究性学习模式应用案例
——《第二次世界大战的扩大和转折》

	过程或内容	即时点评
认知目标	1. 了解大战的扩大； 2. 苏德战争和太平洋战争的爆发； 3. 大战的转折点：三个战场的转折性战役； 4. 世界反法西斯联盟的形成	德进攻苏联、日本进攻美国的起因学生都感兴趣，可以讨论；三个战役也可以进行对比；讨论反法西斯联盟形成的原因及意义
技术目标	应用计算机平台、VCD录像、大屏幕、战争地图、文字材料等用PPT串联全部上课内容	VCD录像使学生有身临其境之感；利用战争地图可对整个战争形势有全局的地理的认识；文字资料有补充说明作用
情感目标	1. 情景导入，战争录像让学生很快进入历史环境； 2. 提问战争如何扩大（苏德、珍珠港）； 3. 就地图让学生亲自讲解战争情况； 4. 看战争录像资料（阿拉曼战役、斯大林格勒战役）； 5. 让学生分组讨论世界反法西斯联盟形成的原因、意义，师生共同评价，反馈	1. 实况录像使学生进入角色； 2. 提问题解决本课重点之一； 3. 学生用地图充当战争讲解员，体现学习自主性； 4. 战况录像比教师讲课更一目了然，更有现实感； 5. 教师提问学生讨论联盟形成的原因及伟大意义，以学生发表观点为主，教师适时加以补充

案例把信息技术与学科教学有机地结合起来，课程的教与学融为一体，将技术作为一种工具，提高教与学的效率，改善教与学的效果，改变传统的教学模式，激励学生去自主学习。当展示法西斯在各国制造的滔天罪行，如法国马赛被占场景、犹太人的集中营、南京大屠杀的惨无人道，使学生马上进入了那个时代，个个义愤填膺，同时为下面讲授世界反法西斯联盟的形成做下铺垫。

　　兴趣是一个人获得知识，发展能力不可缺少的心理品质。而多媒体信息技术的引入，则是提高学生学习兴趣的重要手段。

　　在讲授"二战"的转折时，给学生放中途岛战役、斯大林格勒战役和阿拉曼战役的资料片，重点是斯大林格勒战役，因为它不仅是欧洲战场也是"二战"的转折点。由学生上台亲自展示这些战役交战双方的兵力，研究地图，分析交战结果等，让学生分组讨论为什么这些战役具有转折性。由于学生课前已经从网上搜索到有关资料，他们分析有板有眼，头头是道，充分发挥了主体作用。

　　本案例的设计渗透了一个知识结构框架，即"二战"的发展流程。随着这一流程的层层展示、剖析，帮助学生建立知识之间的联系，组建新的认知结构，实现线性思维的飞跃，逐渐形成从感性认识到理性认识的发展规律，培养学生发现问题、解决问题的能力，达到良好的教学效果。王刚同学说："这是我上的综合性最强的课，应该叫研究性课程，它综合了历史、地理、道德、信息技术。"杜卫军同学说："上课仿佛把我们带到战争年代，经历战争中的苦难历程，看得见、听得懂，激起了我们学习的欲望，又可发表看法，这样的上课方式我们能够接受，最好其他课也这样上。"

信息技术与学科教学的整合还刚刚开始，信息技术给我们提供了一个开放性的实践平台，如何根据课程整合的理念，利用信息技术实现教学目标，培养学生良好的信息素养，提高自主学习和终身学习的能力。这将是我在今后的教学过程中努力完善的一项任务。

从"云端"回归地面，教学该如何有效衔接

伴随着新冠疫情的相对缓和，教育终于得以回归正常，日常教学也得以从"云端"降落至地面。而看似平常简单的回归与降落，承载着丰富的教育信息，既关乎学生是否平安降落与回归，同时也关乎着重新回归后教学的再一次"新"出发，而教师该如何从学科教学方面科学巧妙地加以衔接，以期能够有效保障学生的平安回归，同时以回归为起点与契机，推动教学与教育的新发展？笔者结合教学实际，试作浅论。

一、做好心理调适，平安回归

新冠疫情的肆虐及网上不实消息的报道与侵蚀，本来就已经让不少学生遭受一定程度的创伤。加之线上教学所要求的学生较强的自主学习能力，也给学习基础较弱且自学能力欠佳的学生带来一定的冲击。从"云端"回归地面，学生有对舒适、自由的居家生活的留恋；对规范、严格且相对枯燥的学校生活的排斥；与周围同学之间差距引起的焦虑等。这一切，如果得不到有效的疏导和缓解，将在很大程度上影响学生的平安回归。虽然学校层面会重视并采取合理措施对此进行调适，但毋庸置疑的是，此种调整往往略显空泛，且理论性较强，难以达到理想的效果，而学科教师以班级为单位、以课程为载体进行疏导，明显具有更强的针对性与更大的优势。在复学之初，教师不妨依托学科丰富的课程知识，以古代历史上曾经发生的疫情为例，帮助学生理性掌握科学的疫情防控知识，做好相应的防护；感受古代疫情防控中优秀人物的

优秀品质，引导学生接纳自己的负面情绪，保持积极乐观的态度。在此基础上，进一步合理安排时间，制定复学后的学习计划和目标，培养优良品质，树立远大志向，增强抗逆能力。做好心理调适，为学生平安回归奠定坚实的基础。

二、强化主动学习，惯性滑行

从早已习以为常的传统学校教育模式到紧急应对的居家学习进而网络学习，中小学生的自我管理能力面临着前所未有的多重挑战。居家学习和网络学习没有了老师的督促与指导，没有了有序交互的课堂教学，没有了同学间的及时互动，没有了学校的学习节奏，在有限的空间和人际关系间，学生需要学会时间的自我管理，需要提高面对诱惑的自控能力。居家学习的效果，在很大程度上取决于学生应对这些挑战的自我管理能力。而近两个月的居家学习，学生在适应、摸索、探究的过程中，实际上在原有的基础上自我控制能力与主动学习的能力在一定程度上得到了提高。复学之后，教师如果对此没有充分的认识，而只是简单地按部就班进行复学，实际上将错失重要的教育良机。正确的做法则是在复学之后，在常规的线下教学中，精心设计教学，强化学生的主体地位，强化主动学习的能力，惯性滑行，以新起点助推新发展。

三、落实分层教学，关注差异

线上教学借助先进的信息技术让教育打破了时空的藩篱，并且为优质资源的集中应用提供了可能，但不可否认的是，相比常规的线下教学，"云端"教学因学生个体自我控制能力、居家环境等多种因素影响，实际上加剧了学生在学习过程中的不均衡从而导致学生之间的差异进一步拉大。"云端"回归地面，看似相同起跑点的表象下却是参差不同的脚步，而回归地面之后的常规教学日常采用的班级授课制也一度强化了此种表象。不公平的教育起点和不公平的教育过程必然加剧教育的不公平，因此，复学后课堂教学关注差异尤为重要，而关注差异比较行之有效的措施是在教学中落实分层教学。以历史学科教学为例，历史学科核心素养包括：唯物史观、时空观念、史料实证、历史解释、家国情怀。根据新版《课程标准》，每一个核心素养都依据学生个体差异与高考选拔要求分成四个水平层次，如时空观念素养水平1—4具体表述：水平1：A.能够辨识历史叙述中不同的时间与空间表达方式；B.能够理解它们的意义；C.在叙述个别史事时能够运用恰当的时间和空间表达方式。水平2：A.能够将某一史事定位在特定的时间和空间框架下；B.能够利用历史年表、历史地图等方式对相关史事加以描述；C.能够认识事物发展的来龙去脉，理解空间和环境因素对认识历史与现实的重要性。水平3：能够把握相关史事的时间、空间联系，并用特定的时间和空间术语对较长时段的史事加以概括和说明。水平4：A.在对历史和现实问题进行独立探究的过程中，能将其置于具体的时空框架下；B.能够选择恰当的时空尺度对其进行分析、综合、比较，在此基础上做出合理的论述。在平时的教学中，教师根据学生实际的认知水平，在备课时将学生分成隐形的四个小组，将课堂教学的内容按层级设置四个不同层次的梯度，在组织教学时要求不同水平的学生掌握相应层级水平的教学内容，分层教学，让差异真正得到关注，让教育真正发生。

四、科学多元评价，激励发展

完整的课堂教学离不开有效的教学评价。而传统的以教师为主体的单一维度的教学评价显然不利于激励学生，因此，构建科学多元的教学评价，既是完善教学的需要，也是学生发展的需要。复学后的课堂教学评价，笔者除了采取常规的以教师为主导的教学评价外，采用小组合作的方式，学生与学生相互进行评价。此种教学评价既可以让学生进一步了解除自身以外的同学，同时也能让学生掌握评价技巧，并通过对其他同学的了解和评价技巧的掌握，从横向与纵向的维度加深对教学内容的理解。同时采用学生自评的方式，学生自评方式不是简单地流于形式，学生的自评不仅仅止步于学生的认知层面，而且可以通过对自己的评价，让思考真正发生，让反思真正实现，使评价如一面镜子，关照着学生自己的学习，关照着学生的真实状况。科学多元的评价方式，激励着学生，让教育真正发生。

转变教育理念，创新教师角色

——中学线上教学的有效实施路径

随着信息科技的普及，各级学校及企业教育训练机构大量采用计算机及网络来进行教学，从 20 世纪 60 年代最早的计算机辅助教学，到 80 年代后期的多媒体教学光盘片、计算机中介沟通，再到 90 年代网络兴起，促成网络教学的热潮，到 21 世纪的今天，网络线上教学在各级各类大学几乎已经普及，但中学阶段受其教学任务及教学条件等多方面因素的综合影响，线上教学依然是凤毛麟角，传统的线下课堂教学依然是主体，而 2020 年春因新型冠状病毒感染产生的疫情影响，全国各地中小学被迫推迟开学、延长假期，使中学线上教学不得不提上日程，仓促上阵。但综观下来，明显发现线上教学依然存在不少问题。引人深思。

一、中学线上教学存在的突出问题

（一）教学理念陈旧，"满堂灌"抹杀学生的学习积极性

不少教师对线上教学没做认真思考与探究，缺乏对学生耐心细致的了解。在实践过程中简单地将"传统的课堂"搬至线上，执著地采取"满堂灌"的形式。殊不知，线上教学的空间已然乾坤大挪移，学生虽然还是那些学生，但他们已经逃离了我们的视线，在我们的"粉笔头"扔不到的地方，我们无法像传统课堂那样用"眼神"去震慑他，也无法拿着点名册去一一点到。而忽视学情的"满堂灌"导致的后果也许是教师一个人在线上上演"独角戏"，无法吸引并凝聚学生的线上教学，实效大打折扣。

（二）讨论氛围偏重权威，线上合作无法真正形成

线上教学的优势毋庸置疑，可以整合各方资源，使学生在老师的协助、指导下，通过生生、师生之间的合作，开展对学习内容的思考、讨论、整合。这一学习过程既是对教师精选学习内容的有效学习，同时，也呼应了新时代公民素质的要求，能有效培养学生的合作意识。但不少教师在线上教学过程中仍然片面地凸显教师的主体地位，讨论问题结果和答案呈现封闭性，从而使得学习呈现线性的单维度方向，线上合作无法真正形成。

（二）学习主题设置不够规范，讨论"跑偏"现象严重

线上教学因学生无法统一集中到同一空间上，空间的分散性对学习主题的明确，科学性要求显然更高。只有明确的学习主题，才能第一时间吸引学生的注意力，激发学生的求知热情，但不少教师主题设置不够规范，忽视了教情和学情，逻辑不够严密，从而使线上教学师生讨论、生生讨论过程中，出现讨论"跑偏"的现象，无法达到预期的教学效果。

（四）整理信息不够全面，自主构建知识流于形式

与传统的课堂教学相比，线上教学其显著的优点就是，可以最大限度地提供给学生学习资源，在教师的有效引导下，师生、生生进行合作，探讨论证，进一步产生新的信息与资源，而学生的自主构建则很大程度上依赖于资源的有效整合。但不少教师忽视了在线上教学过程中对信息的全面搜集并科学整理，从而导致学生无法顺理成章对自主构建知识，学习目标无法有效完成。

二、中学线上教学的实施路径

（一）转变教学理念，科学设置线上教材

线上教学与传统的线下课堂教学相比，不仅仅是教学空间的变化。其教学过程中对"人"的凸显尤为显著。只有转变教学理念，真正落实以"人"为主体，方能初显成效。而要真正落实以"人"为主体，则要做到以下几点：首先，科学设置线上教材。我们总以为线上教学的全部内涵就是师生视频互动对话，而将线上教材简单地理解为教材的电子版本，殊不知，简单的教材电子版本带有普遍性，忽视了对教情与学情的了解，所以，教师只有在认真研究学生的认知基础，仔细探讨教学内容的基础上，对即将展开的教学内容进行分类整理，有效整合，条理化，目标化，情境化，才能形成适切的线上教材。其次，线上教材应能最大程度激发学生的学习兴趣。只有激发学生的学习兴趣，调动学生的学习热情，才能保障线上教学的有序顺利进行。再次，线上教材的设置应遵循学生的认知逻辑和教材的知识逻辑，没有逻辑的知识无法形成认知，而缺乏学生认知逻辑的知识，无法真正触动学生。

（二）静心倾听，设置民主的线上讨论氛围

众所周知，线上教学的起点是吸引学生上线并能有效管理学生。海量的信息充斥着线上教学的空间，线上教学过程中，学生所受到的外界诱惑远远超过线下的课堂教学。传统的线下课堂教学里，课堂一定程度上人为地阻隔掉了很多学习的干扰因素，将学生有效安置到一方清净的课堂，为课堂教学的顺利开展提供了极为有力的保障。但线上教学则失去了这一有效的屏障，蜂拥而

至的海量信息无时无刻地干扰着学生的有效学习，除线上教材的科学设置外，线上教学的民主讨论氛围是吸引住学生，保障教学顺利展开的重要因素。民主教学氛围的设置，需要教师转变角色，走下神坛，摒弃权威，放下身段，静心倾听。只有静下心来倾听，教师才能捕捉到学生的学习状态、学习障碍；而学生对教师的倾听，则能敏锐地感知到教师的引领，激发积极的探讨；学生之间的相互倾听，则能于思维的碰撞之中产生宝贵的思维之火。古人云："知止而后有定，定而后能静，静而后能安，安而后能虑，虑而后能得。"静心倾听，设置民主的线上讨论氛围，方能让学生摒弃外界诱惑，静心思考，推动教学的顺利开展。

（三）任务驱动，紧扣讨论主题

毫无疑问，线上教学的场所具有开放性，无法排除其社交功能。不少学生因惯性使然，在线上教学过程中会传播社交领域的相关信息。如果教师设置的讨论主题不鲜明，讨论往往会出现"跑偏"的现象。因此，教师在设置讨论主题时，不但要与进度内的学科内容相关，而且要范围适中并能引发相当的争议讨论。范围太大会失焦，范围太小又不易引发思考，有的议题已有明确的结论，也不会有太大的刺激反思的机会。因此，教师在决定议题时，要事先仔细考量，并在线上教学的过程中，协助学生抓住讨论的关键，引导学生有效地反思讨论的议题。同时，设置讨论主题时还应根据学生的认知水平，遵循学生的认知规律和客观的教育规律，采取任务驱动的模式，并将学生在线上按照一定的标准分成若干个学习小组，有序开展讨论与学习。明确的学习目标与任务，能充分吸引并调动学生参与学习的热情，而符合学生认知规律并遵循逻辑关系的主题，也能为学生顺利参与讨论学习提供保障。

（四）全面整理线上信息，让自主构建真正实现

有效学习的真正发生体现于学生对所学知识自主构建的真正实现，而不是通过简单地识记获取现成的知识或能力。这一过程是学生在老师的协助下，通过与同伴的合作、探究，在已有的认知基础上，对所学知识进行自主构建。而知识的自主构建需要对学习过程中所交流、合作、探讨的信息进行全面搜集与整理，摒弃无效信息，并将有效信息以一定的逻辑标准分门别类加以整理，由于受到已有认知基础的限制，加之线上教学过程中学生交流探讨的信息量较大，如果教师不引领学生全面有效整理线上信息，学生对所学知识的自主构建将无法真正实现。

因此，在具体的线上教学实践中，教师应在学习讨论的过程中，以协助者的身份，帮助、引领学生对教学过程中产生的有效信息进行全面搜集与整理，让讨论与合作真正有效，让学生的自主构建真正实现。

科技的迅猛发展为线上教学提供了现实可能，而相较于传统的线下教学，线上对资源的大规模搜集与运用、时空的灵活性等优势，让线上教学在某种程度上也成为一种必然。而作为一线教师，我们无法回避，唯有正面迎接，理性思考，让线上教学在教育教学中发挥出更有效的作用。

如何提高历史试卷讲评课的有效性

　　高中历史试卷讲评课是高三复习备考过程中的一种重要课型，尤其是在高三历史总复习阶段，各种测验较多，讲评的频率更高，因此如何研究和掌握试卷讲评的一般规律，来提高讲评课的有效性，就显得尤为重要。

　　有效教学作为一种理念，源于 20 世纪上半叶西方的教学科学化运动，是指课堂上遵循教学活动的基本规律，以尽量少的时间、精力和物力的投入，取得尽可能多的教学效果。

　　目前历史试卷评析教学并不尽如人意，重讲解、轻参与、批评多、鼓励少，既不利于提高试卷评讲的教学效率，也不利于学生创新能力的培养。在笔者看来,试卷讲评主要存在以下几种误区:

　　第一，照本宣科，只对答案。教师自己不做试卷，只按照参考答案来给学生核对答案，不评讲、不分析。这种做法会使相当一部分学生根本无法知道一些选择题、材料题等所谓何事，更谈不上对评讲内容进行巩固、强化和提高了。

　　第二,按部就班,逐题讲评。从试卷的第一题开始,一讲到底,题题不放过,一份试卷往往要花上两三个课时才能评讲完。泛泛而谈，缺乏针对性，浪费了大多数学生的时间，也容易使学生产生厌烦心理，收效甚微。

　　第三，重点评讲，就题讲题。对多数学生做对的试题不评讲，对错误较多的试题采取重点评讲的方式。不对产生错误的原因进行深层次的分析，没有解题思路的引导，没有审题技术的培养，缺乏解题技巧的指导,导致学生只会解一两道题,而不能触类旁通,未能很好地体现学生的主体性和教师的主导作用。学生运用知识、解决问题的能力难以提高。

第四，依分讲题。对客观题的认识存在表面化的看法，认为学生"做对"就是"会做"，忽视了做题中的偶然因素，无形中使学生养成了"猜"的习惯。

第五，不对评讲效果进行巩固。不留给学生回味的时间，为了追求进度，通常评讲完一道题就马上进入下一题。在平时练习中我们发现多次检查过的题学生依然不会做，就是我们忽略了学生的认知水平，以为一讲就会。不对试题进行拓展和变式训练，就题讲题，学生容易思维僵化。

以上这些现象一方面导致课堂教学效率低下；另一方面不利于提高学生学习历史学科的积极性。笔者认为一堂科学高效的历史讲评课必须做好以下几点：

一、全面准确客观地捕捉反馈信息

教育家苏霍姆林斯基在《给教师的建议》中讲过这样一件事：一位历史老师的课极其精彩，课后有人问他准备这堂课用了多长时间。他说用了一辈子。由此可见，一堂课成功与否往往与课前的准备工作密切相关。因此，要上好试卷讲评课，必须全面、准确、客观地掌握学生答题的第一手材料，即捕捉好反馈信息。为此笔者采取了如下措施：其一，批改试卷，记录好典型的错解和学生创造性的解法。其二，分析试题，统计得失分情况。其三，搞好学生座谈和进一步的调查。现在客观试题较多，从答卷上有时看不出学生错题的症结所在。为了解学生答题的真实情况，教师可针对典型题和重点题找学生座谈，进行详细调查，克服任何主观臆断的倾向。 其四，用问卷的形式征求学生对讲评课的意见。对重要考试的讲评和存在问题较多的考试，事先让学生对讲评的意见以书面的形式反映给老师，如哪些题应讲，哪些题不用讲；讲什么，怎样讲；对试题的认识理解等。这样不仅可以了解学生对讲评的要求，还可使学生进一步钻研试题和解决一部分问题，同时调动了学生的主观能动性，锻炼了他们发现问题、分析解决问题的能力。

二、对反馈信息的分析、归纳、处理

将批阅、座谈和学生书面反映出的各种信息按知识点和考试的目标认真进行分析，找出教和学两方面存在的问题。对教师教学中的不足和指导失误也应认真分析、总结，及时调整，不断提高教学水平。对学生暴露出的问题，要搞清问题的性质，在讲评时解决。一般需弄清以下几个问题，以便为讲评提供依据，增强讲评的目的性：普遍问题还是个别问题；欠缺的知识，是一般内容还是重点内容；技能技巧掌握得如何；能力和思维方法有什么不足；学习习惯、态度、心理上有什么问题等。

三、确定试卷讲评的原则

1. 及时。试卷讲评越及时效果越好。因为学生对刚做完的试卷普遍记忆犹新，及时讲评，便于学生回顾答题过程的得失，做到及时总结经验教训，从而提高复习效果。因此批改试卷一般"不过夜"。头天考的试卷，次日便出现在学生手中。这不仅让学生及时了解自己对某一专题或阶段复习掌握如何，更重要的是使学生感受到教师的责任心和对他们学习成绩的重视，无形中为学生提供一种积极人生态度和敬业奉献精神的榜样，对学生学习是一种动力——培养良好的学习习惯。

2. 以激励为主。随着高三学习难度的加深，不少学生遭受失败的次数明显增加，学生的自信心明显不足，因此既要热情表扬那些解题思路清晰、灵活和有创新意识的学生，也要充分肯定那些虽然考得不理想但学习态度认真、刻苦的同学，注重对其进行心理疏导。如一个本来学习很好的学生某一次考差了，我在其卷面写道："虽然你这次失败了，但我相信你一定是有原因的。不要灰心，相信你一定能做到：从哪里跌倒就从哪里爬起来！"

3. "为迁移而教"。即对重点内容出现的典型错误应详细讲评，其中包括学生解答时错的不多，但很难被学生理解透彻，对后续学习有重要影响的知识，或有较强的迁移价值的知识和技能，也应重点讲评。

4. 注重示范性。学生考试时遇到综合性强的试题常感到无从下手，有的答得不准确、不规范。学生除知识掌握不系统、不全面外，不会剖析题目的结构和没有养成良好的解题习惯也是重要原因。在讲评时联系学生的解题实际，指导学生理解分析知识结构，揭示思路、方法和突破口，掌握解题步骤，准确规范地表达，充分发挥讲评的示范作用。

5. 调动学生的非智力因素。学生解题错误的原因不仅与知识和思维能力有关，还与学习态度、习惯、心理素质等有关。因此，在讲评中表扬创造性的解法，认真评价学习态度、学习习惯，使学生的非智力因素对学习的影响发挥到极致。

四、确定讲评方法

讲评最忌逐题讲解、就题论题。根据以上确定讲评内容的原则确定出讲评内容后，还要依据学生和题目选择最优的讲评方法，才能获得最佳的效果。现介绍几种讲评方法供大家参考。

1. 类比归纳专题讲评法：即从不同的知识点或不同的题目中归纳出相似点和共同规律作为一个专题进行详细讲评。每个专题不一定要大，可按知识归类：如民主制度的确立、发展；资本主义世界经济体系的形成等。按题型归类：如最佳选择题；逆向思维题类型和解法等。这是讲评课中最常用、效用最大的一种方法。

2. 引导读书法：学生因对基础知识理解不深入、不准确而做错题，可引导学生重新读书，帮助学生透彻理解。例如考试中选用了高考中的题：我国某部宪法将国家性质表述为"工人阶级领导的，以工农联盟为基础的人民民主国家"这一表述说明当时：A. 三大改造尚未完成，B. 资产阶级已被消灭，C. 人民公社体制已经建立，D. 经济基础还十分薄弱。很多同学在选择时错选 B、C 两项，说明学生对人民公社体制等相关基础知识还不够熟练。讲评课上要引导学生阅读教材之中的有关内容，掌握关于人民公社体制等相关基础知识。选择 B 选项说明同学对"资产阶级已被消灭"这一概念模糊不清，"资产阶级已被消灭"发生在 1956 年，具体发生是在三大改造完成之后。这样讲评加深了对概念的理解，提高了读书的自觉性和对认真阅读教材的认识，紧扣了教材大纲。

3. 实例展览法：即将学生的各种解法都展示出来，然后共同分析讨论，指出错因，使各种信息得到充分交流，互相启发，获得正确认识。如：出示材料 1954 年《中华人民共和国宪法》，要求学生分析材料的先进性体现在哪? 学生答案五花八门,让学生分别展示自己的答案,分析讨论各种答案的合理性与局限性,最后出示参考答案,这样既让学生温习了基础知识,又掌握了怎样回答历史事件的先进性的方法。讲评方法很多,如边评边练、边评边实验、以教师启发讲评为主,等等,应有计划有目的地使用各种方法。

五、克服试卷讲评课的单调、枯燥,巧妙、灵活运用多种模式

1. "生教生式讲评"。根据学生平时的学习情况、学生答题情况,把部分试题指定给一些学生来讲解。这种方法,既能发挥学生的主体作用,又符合学生的认知水平,贴近学生实际,更易于被接受。运用这一方法,要注意两个问题:第一,试题难度要适中。第二,老师要适时加以引导。

2. 板演式讲评。让学生在黑板前进行板演,然后由全班同学共同批改、共同纠正、老师再讲评。通过这种方式,能更全面地暴露学生解题过程中存在的问题。但用这种方式要耗费大量的时间,因此老师在事前要对试题和板演的同学进行严格的挑选,两者都必须有典型的代表性。

案例1:材料提供了《中国1957—1960年工业、农业总产值》及《中国1960年三大产业之间的比例关系表》。设问:依据材料概括中国当时产业结构的特点(或趋势),结合所学知识分析其原因。第一位学生板演时回答如下:特点是着重发展工业,特别是重工业,农业所占比重大,工业所占比重小。原因是"大跃进"的影响和发展国防力量的需要;我国实行第一个五年计划,重点

发展重工业。我请上另一位同学进行讲评。他指出了答案中存在几个问题：第一，在归纳特点时不完整，只注意到了产业结构的比例，没有归纳总产值的变化。第二，对应阶段的错误。图中所给的时间是 1957—1960 年，不属于"一五"期间，所以原因中"一五"计划实施是不对的。

我充分肯定了第二位同学的观察力，同时进一步指出，在第一小问中板演同学的回答不符合用学科语言回答的要求，正确的回答应当是"农业与工业发展不平衡"。

3. 运用多媒体辅助讲评。在新课中应用多媒体辅助教学已经不足为奇，其实，在讲评中运用多媒体辅助教学，同样能出奇制胜。在讲评课之前，老师可以把不同程度学生的答题情况和标准答案进行扫描，制作成幻灯片，在讲评课时进行播放。这样一方面可节省板演耗费的大量时间；另一方面，学生在对比的过程中能很直观地看到不同程度同学答题的差异、自己答题与标准答案之间的差距。另外，应用多媒体讲评，还可以起到举一反三、趁热打铁的效果。老师可以在事先准备一些同类型的例题，边讲边练，以练固效。这可以说是现代教学手段对增强教学效果的又一大贡献。

六、讲评课的几点注意

1. 认真备课。写出具体明确切实可行的教案，避免讲评课的随意性、盲目性。

2. 注意讲评课的层次性。应使不同层次的学生都参与讲评活动，使每位学生有所得。

讲评课是一种复杂的教学活动，受诸多因素的影响，文中谈到的各个方面都是相辅相成的，应从总体上进行优化组合，才能使讲评获得最佳效果。

总之，讲评课是一种复杂的教学活动，受诸多因素的影响，只有认真探讨，精心准备，才能使讲评获得最佳效果。

参考文献：

[1] 孙亚玲. 课堂教学有效性标准研究 [M]. 北京：教育科学出版社，2008.

[2] 王宪平. 课程改革视野下教师教学能力发展研究 [D]. 上海：华东师范大学，2011.

[3] 姚利民. 有效教学研究 [D]. 上海：华东师范大学，2004.

构建民主、和谐的课堂，关注学生学习兴趣

教育部课程改革专家组核心成员、福建师范大学余文森教授说："有效性是课堂教学的命脉。"那么，什么是课堂教学的有效性？课堂教学的有效性的考量应该要有两个纬度，即教师"有效地教"，学生"有效地学"。当然从本质上来，教师有效地教应然也会实然达到学生有效学的效果。这两者是有机统一的。"有效地教"指的是促进学生"学"的"教"，它表现在以下两个方面：一是直接促进，即通过教师的教，学生学得更多、更快、更好、更深；二是间接促进，即通过教师的教，学生学会了学习，掌握了学习方法，提升了学习能力，达到了不需要教的效果。"有效地学"则综合考虑几个因素：提高学习效率、增进学习结果、强化学习体验、掌握学习方法、内化人文素养。通俗地说，课堂教学的有效性是指通过课堂教学活动，学生在学业上有收获，有提高，有进步。具体表现在："学生在认知上，从不懂到懂，从少知到多知，从不会到会；在情感上，从不喜欢到喜欢，从不热爱到热爱，从不感兴趣到感兴趣。"（余文森）而对于"课堂教学的有效性有哪些标准？是否有公认的标准"问题，余教授认为："课堂教学的有效性特征（或表现）可以列举很多，但最核心的一点是看学生是否愿意学、主动学以及怎么学、会不会学。"笔者经过长时间的实践和探索，构建民主、和谐的历史课堂教学模式，变革传统的以教师为中心的教学模式，充分调动学生的学习兴趣，在提高课堂教学的有效性方面，取得了一定的成效。

一、建立真诚的师生情感，激发学习兴趣

古人云："亲其师，信其道。"真诚地关心、爱护每一名学生，一丝不苟地工作着，认真负责地对待每一名学生，时时观察学生的喜怒哀乐，随时表达教师的关爱之心，无形中拉近了师生关系，增强了老师的亲和力。学生对你的喜爱、崇拜会很快转移到你所教的科目中去，"爱屋及乌"，由喜欢老师而喜欢他所任教的科目，愉快地接受老师的教诲，并努力将教诲转化为行动，实现教师的期望。在平时的教学中，及时肯定、表扬学生，真诚地关心爱护学生，能起到激励学生学习兴趣的作用。

二、创设和谐探究情景，激发学习兴趣

培养和激发学生学习的兴趣，其途径是多方面的，而课堂教学则是主要形式。教师讲课时要设法激发学生的兴趣，要讲出新意，讲出字里行间学生看不出来的"奇珍异宝"。巧设悬念，容易营造良好的心理态势和思维环境，激发学生的求知欲望，使学生趣味十足地积极开动脑筋去思考，去探究。例如：在讲述《美国内战》一课时，当学生了解到战争爆发初期双方的局势时，同学们很容易从书本展示的南北双方力量对比中了解到：从整体实力上讲，北方实力超过南方实力，但为什么战争一开始南方却节节胜利呢？笔者向学生抛出这个问题，然后师生一起探究。学生们在这种和谐的环境下很快找出一些原因：如南方准备充足，得到了与它有贸易关系的英法的支持。但是还有没有其他的原因呢？学生似乎再也找不到。这时老师将著名的军事指挥家罗伯特·李将军的图

片展示在大屏幕上，学生马上异口同声地讲道：还与军事指挥将领有关。在这种状态下老师再向学生介绍罗伯特·李将军时，学生就会很有兴趣并很认真地去了解。然后，老师进一步向学生解释，其实早在战争爆发前，北方也曾积极争取李将军，并许诺授给他十万军队，但最终遭到李将军的拒绝。这样一来，学生的积极性得到极大的调动，学习效果明显提高。

三、创设和谐教学过程，激发学习兴趣

在教学过程中，教师要从教学效果出发，通过精心设计，将最新的教育理念融入每节课的教学中，结合教学内容，巧妙地包装，隆重地介绍，激发学生的求知欲和兴趣。例如讲述林肯政府的两部法律：《宅地法》和《解放黑人奴隶宣言》。法令制度一般比较枯燥，教师不好引申，学生不易理解，所以笔者考虑的是创设和谐的教学过程，巧妙地处理，让两位学生站在历史人物的角度，分别扮演记者和渴望土地的北方人物汤姆。下面是他们的一段对话：

记者：你好汤姆，我是《纽约日报》的记者。听说你过去一直渴望得到一块土地，但因为法律不允许私自向西部迁移而无法实现，那么看到总统颁布的这部法律，你能谈谈自己的感想吗？

汤姆：我太感谢了。我感谢总统。我现在非常激动，如果我得到土地，我一定会好好耕种的。

记者：那么你现在会去西部移民吗？如果你去了西部，你是支持总统还是支持南方人？

汤姆：我马上就去！我当然支持总统了，不然万一政府打败了我

的土地就作废了！

学生生动的表演让课堂气氛很快活跃起来，学生的积极性得到很大提高。这样既可以让学生站在历史人物的角度，从内心更好地理解历史，更可以融洽师生关系，活跃课堂气氛，从而促进学生的兴趣。

四、创造和谐课堂氛围，吸引学生兴趣

在平时的教学中，笔者努力创设一种"以人为本，以学生为中心"的环境，营造一种尊重学生、鼓励学生提问、概括、假设和陈述的课堂氛围，高度鼓励和评价学生的积极参与，创造性地设置问题的情景，营造一种让学生发现问题、解决问题的氛围。这样，在教学中，学生和老师就会积极开展双向交流，各抒己见，开放彼此对问题的观点，阐明各种观点的理由；平等公正地进行讨论、验证各自不同的观点和方法。在如此宽松的环境中，学生个性充分自由地发展，后进生也不会因为有错误观点而受到冷嘲热讽。他们对学习的恐惧也得到了消除，每个学生都体验到了学习的快乐，享受到成功的喜悦。

民主、和谐的课堂教学模式，充分发挥了学生的主体作用，尤其是极大地提高了学生的学习积极性，培养学生健康的情感态度价值观，提高了课堂教学的有效性。

博学笃志，做智慧型教师

黑格尔说，一个失去伦理实体的民族就不是一个具有现实性的民族。当今的中国，以社会道德危机为核心的文化安全问题可能是诸种国家安全课题中最核心、最根本、最紧迫的问题。面对如此严峻的形势，党的十八大明确指出：把"立德树人"作为教育的根本任务。作为新时期的教师，要完成"立德树人"这一艰巨的任务，个人认为只有平时通过持续有效的学习，加强专业知识的积累和职业素养的提高，才能有效完成这一使命。

一、新时期教师学习的紧迫性和现实性

第一，学习是教师时代发展的需要

1994 年 11 月在意大利罗马召开了"首届世界终身学习会议"。这次会议明确提出："终身学习是 21 世纪的生存概念。"作为一个以促进学生全面发展为业的教师，终身学习更应成为其生存概念。一方面，教育改革对教师提出了更高的要求。教师只有熟知建构主义、多元智力、研究性学习、综合实践活动课程、发展性评价等教育理论，才能真正上好一堂课，而这些理论的获取都依赖于教师平时积极努力的学习。尤其在今天，我国基础教育领域的新课程改革对教师提出了更高的素质要求，要求教师改变心智模式，由重视学生的受教育权到学生的学习权；由知识的单向度传递者转向对话者，由国家课程的被动执行者转向课程建设的参与者。这些目标都逼着教师必须成为学习者；另一方面，学生的素质越来越高，家长和社会对教师的期望越来越高，这要求教师不仅能

教学，还要搞科研，能够成为学生的知识导师、生活导师、人格导师，从而促进学生的全面发展和个性发展，满足学生多样化的学习需要，培养学生的创造力、社会责任感。这些都对教师原有的平面化的知识结构提出了挑战。教师不仅要全面学习，还要学得快，不断地更新知识结构。

第二，学习是教师完善职业道德的需要

教师要胜任教书育人的工作，就必须有好的人品，而好的人品离不开学习。孔子说："好仁不好学，其蔽也愚；好知不好学，其蔽也荡；好信不好学，其蔽也贼；好直不好学，其蔽也绞；好勇不好学，其蔽也乱；好刚不好学，其蔽也狂。"

教师职业的特殊性表现在所面对的是一群正在成长的孩子，孩子们的成长无法重复。教师学术水平、教师职业道德水平的高度，都将直接影响孩子们的成长。如果教师不坚持学习，缺乏知识储备，不仅不利于自己学术水平的提高，影响传授知识的广度、深度，也将会影响教师职业道德水平的提高。而缺乏职业道德的教师，也意味着他将对学生的生命发展采取漠视的态度。

第三，学习是教师幸福的需要

幸福从本质上讲，是心灵需要的满足。教师在长时间地给学生奉献知识爱心的同时，自己的心灵自然会慢慢枯竭，只有通过学习，枯竭的心灵才会重新焕发生机，重新得到满足。因此，呵护心灵、防范心灵枯竭显得尤为重要。那么，怎样才能让心灵不枯竭，灵魂不褪色呢？最好的途径就是学习。只有通过平时不断地学习，教师才能给自己的心灵提供源源不断的养分，才能不断地滋润心灵，不断地涵养灵魂。相反，如果教师的心灵枯竭了，得不到及时的滋润，将很容易做出一些反常态的事情。比如，有的教师体

罚或变相体罚学生，甚至侮辱学生的人格。其实并非简单的师德问题，而主要是教师心灵扭曲、灵魂失色的原因。当代教师不能仅仅安心于"春蚕""蜡烛"式的奉献，"春蚕"因丝尽而死，"蜡烛"越燃烧越短，最后只剩下"眼泪"。春蚕、蜡烛式的悲剧人生难以让教师持续发展并体验从教的幸福感，原因在于教师在知识和智慧上只出不进。正如陶行知先生所说："如果天天卖旧货，索然无味，要想教师生活不感到疲倦是很困难的。所以我们做教师的人，必须天天进行学习，天天进行再教育，才能有教学之乐，而无教学之苦。"

二、新时期的教师应该学会选择性的阅读

《阳货》记载，子曰："小子何莫学夫诗？诗，可以兴，可以观，可以群，可以怨。迩之事父，远之事君；多识于鸟兽草木之名。"在这段话里，孔子总结出阅读的四大功能——"兴""观""群""怨"。"兴"即指阅读有助于激发情感和意志；"观"即指阅读有助于提升对社会的洞察力；"群"即指阅读有助于融入群体生活；"怨"即指阅读有助于抒发怨愤不平，保持心理健康。孔子强调阅读的四大功能，实际上也在暗示当代教师应学会选择性阅读。

第一，阅读可以产生积极心理的书

今天，教师面临诸多来自社会、学校和家庭的压力。这些压力使得我们身心疲惫，陷入心理困扰和负面情绪之中。一些教师出现悲观、易怒、情绪暴躁等不健康心理，工作上得过且过，生活上感觉疲惫、单调乏味。因此，今天的教师特别需要阅读一些激发积极的职业情感的书。积极的职业情感是促使教师履职尽责

的强大动力，它能不断引导教师激发内心潜能，使教师在教育教学中时刻充满活力和激情。

积极的教师职业情感最密集地体现在经典名著中，所以教师要广泛阅读教育经典名著。如苏霍姆林斯基的《给教师的一百条建议》、杜威的《民主主义与教育》、福禄培尔的《人的教育》、保罗·朗格朗的《终身教育引论》、卢梭的《爱弥儿》、加德纳的《多元智能》、朱永新的《新教育之梦》等。

第二，阅读有助于增强自己社会洞察力的书

教师的时间和空间主要在校园里，教师要突破有限的时空的局限，进入更广阔的世界中。要做到这一步，最好的方式是阅读。通过阅读反映社会生活的书，教师得以用心灵的眼睛观察人生百态，并把由此得来的感受用于指导学生生活，使学生感觉到老师不仅仅在教书，还在育人。通过阅读反映先进教育教学动态的书，教师得以掌握教坛最先进的技术和思想观念，学习别人的成功经验和智慧，能够不断突破自身的局限性。

第三，阅读有助于培养乐群精神的书

阅读有助于了解别人的思想和情感，从而与别人产生同理心、产生乐群的倾向，走出自我的小圈子，形成合作意识和能力。

1. 阅读以人为研究对象的社会科学著作。比如阅读教育学、心理学、伦理学、行为科学、思维科学、未来学等方面的著作，有助于增强对别人尤其是学生心灵的感悟能力。

2. 阅读当前学生正在着迷的书。有助于走进学生的世界，了解学生的喜怒哀乐、心理特点和需求，从而使自己能够站在学生的角度考虑问题。

3. 阅读同行的叙事性作品。有助于了解同行的世界，用同行感人的精神、情感和奋进精神鼓舞自己，增强与同行的合作意识。

4. 阅读报刊新闻。有助于了解社会，增强对社会发展的前瞻性，提升与社会沟通的能力，使教育教学更有助于学生适应社会。

第四，阅读反映深刻人生主题的书

阅读有助于教师看清社会的常态，有助于教师拓宽看问题的视野，减少怨天尤人造成的生命浪费，在不如意的时候仍能保持平和的心境。为此，教师要多阅读反映深刻人生主题的书，如《红楼梦》《红与黑》《悲惨世界》《呼啸山庄》等。这种阅读无异于精神的深呼吸。天天给精神透一口气，性情会变得越来越恬淡，思想会变得越来越深刻。

三、教师学习的深远意义

英国哲学家培根说："读史使人明智，读诗使人聪慧，演算使人精密，逻辑使人深刻，道德使人高尚，逻辑修辞使人善辩。"可见，教师的博学，可以塑造教师优雅的师表形象，形成教师优雅的人格魅力，培养欢乐前行的人生态度。教师的博学也能有效提升教学效果。因为要将一个问题讲得透彻，教师需要从不同的角度讲。而天下的学问都是相通的，只有博学的老师，才能将自己所学的多方面的知识综合起来，从不同角度将问题讲得更透彻、更有趣。

做博学笃志的教师，做智慧型的教师，学习中思考，思考中学习，给教育描绘一片蓝天！